Anselm Grün
Vaterunser

Anselm Grün

Vaterunser

Eine Hilfe zum richtigen Leben

Vier-Türme-Verlag

Bibliographische Information der Deutschen Bibliothek
Die Deutsche Bibliothek verzeichnet diese Publikation in der Deutschen Nationalbibliographie. Detaillierte bibliographische Daten sind im Internet über http://dnb.ddb.de abrufbar.

1. Auflage 2009

Lektorat: Thomas H. Böhm
Umschlaggestaltung: Elisabeth Petersen, München
Umschlagmotiv: Jeremy Woodhouse, Masterfile
Gesamtherstellung: Friedrich Pustet KG, Regensburg
ISBN 978-3-89680-401-3

www.vier-tuerme-verlag.de

INHALT

Das Vaterunser
Eine Anleitung zum Glauben und zum Leben

Das Vaterunser hat schon zu Beginn des Christentums die Menschen fasziniert. Im zweiten Jahrhundert hat der Kirchenvater Tertullian das Vaterunser eine Kurzfassung des ganzen Evangeliums genannt: In diesem Gebet begegnen wir Jesus Christus und seiner Frohen Botschaft. Cyprian, im dritten Jahrhundert Bischof von Karthago, bezeichnet das Vaterunser als Kompendium der himmlischen Lehre. Er legt das Vaterunser eher dogmatisch aus: In ihm seien die wichtigsten Lehren des Christentums dargestellt. Und im Beten meditierten wir uns in das Geheimnis unseres Glaubens hinein. Im vierten Jahrhundert betont der Kirchenlehrer Gregor von Nyssa in seiner Auslegung eher den ethischen Aspekt des Vaterunsers. Für ihn ist das Vaterunser »Anleitung zu einem gottseligen Leben« (zit. n.: Luz 339) und damit gleichsam eine Hilfe zum richtigen und angemessenen Leben, das den Menschen zu seinem wahren Menschsein führt.

Täglich beten wir Christen das Vaterunser. Doch oft genug ist es uns zur Routine geworden. Wir wissen gar nicht mehr, was wir beten. Die einen stören sich an einzelnen Bitten, die sie nicht verstehen. Für andere sind die Worte leer und fremd geworden.

Doch wir dürfen nicht vergessen: Viele Christen haben durch dieses Gebet ihren Glauben gestärkt und sind durch dieses Gebet in den Geist Jesu Christi hineingewachsen, der uns diese Worte zu beten gelehrt hat. Wenn wir heute das Gebet des Herrn sprechen, dann beten wir nicht nur gemeinsam mit Jesus Christus, sondern wir haben an der Glaubenserfahrung all der Christen teil, die vor uns gelebt haben und durch die Kraft dieses Gebetes ans Ziel in die Herrlichkeit Gottes gelangt sind.

Während wir Lebenden das Vaterunser als Glaubende und Hoffende beten, beten die Verstorbenen dieses Gebet als Schauende. So lenken diese Worte unseren Blick auf die Vollendung, in der die dort ausgesprochenen Bitten für immer verwirklicht sind. Dort im Himmel wird für immer Gottes Name geheiligt und sein Reich ist endgültig gekommen.

Schon die frühe Kirche hat den Christen empfohlen, dreimal am Tag das Gebet des Herrn zu sprechen. Die Didache, auch Zwölfapostellehre genannt und vermutlich um das Jahr 100 entstanden, hat im Vaterunser einen Weg gesehen, in das Zentrum des Glaubens und damit zum richtigen Leben zu gelangen: Durch das Gebet könne der Geist Jesu Christi in das menschliche Herz einfließen.

Die Didache spricht dabei zu Judenchristen, die es gewohnt waren, dreimal am Tag das Achtzehnbittengebet zu sprechen. Anstelle des jüdischen Gebetes sollten die Christen nun das Vaterunser beten. So wird das Vaterunser zum Kennzeichen der Christen. In diesem Gebet haben sie am Gebet Jesu teil. Sie beten sich in seine Gesinnung hinein und erfahren Gott als Vater, der seine Kinder liebt. Und sie fassen in diesem Gebet zusammen, was die Botschaft Jesu für sie ist. Heil und Erlösung, die durch Jesu Tod und Auferstehung geschehen sind, werden ihnen in diesem Gebet täglich erfahrbar.

Seit der frühen Kirche sind unzählige Auslegungen des Vaterunsers erschienen. Das hat mich bisher davon abgehalten, auch ein Buch über dieses vertraute Gebet zu schreiben. Doch die Gespräche mit einigen Freunden haben mich angeregt, meine persönliche Sicht des Vaterunsers auch an andere weiterzugeben. Und ich habe dieses Buch auch geschrieben, weil ich mir selbst Rechenschaft darüber ablegen möchte, was ich denn da tägliche bete: Ich habe mich mit dem Vaterunser beschäftigt, damit mein Beten intensiver werde und ich im Beten immer tiefer in den Geist Jesu Christi hineinwachse, der uns dieses Gebet geschenkt hat. Er selbst will uns im Vaterunser zum Zentrum unseres Glaubens führen und uns zum Leben aus diesem Glauben anleiten.

Vom Vaterunser gibt es zwei Fassungen: eine im Matthäus- und eine im Lukasevangelium. Wir beten das Vaterunser in der Fassung des Matthäusevangeliums. Daher möchte ich dieses Gebet auch gemäß der Theologie auslegen, mit der Matthäus es gedeutet hat. Aber ich möchte immer wieder auch auf die Deutung des Vaterunsers im Lukasevangelium verweisen.

Man sagt, Lukas habe die ursprünglichen Worte Jesu reiner bewahrt, Matthäus habe sie auf dem Hintergrund seiner Theologie gedeutet und kunstvoller formuliert. Bei Matthäus geht es darum, was wir beten sollen, bei Lukas vor allem darum, wie wir beten und welche innere Haltung wir dabei einnehmen sollen. In einem zweiten Kapitel möchte ich daher versuchen, die Gedanken des Lukasevangeliums zu einer Art Gebetslehre zusammenzufassen. Lukas möchte uns ermutigen, voll Vertrauen zu beten und im Beten immer tiefer in die Gemeinschaft mit Jesus Christus hineinzuwachsen.

Die Auslegung des Vaterunsers

Wenn ich das Vaterunser im Rahmen des Matthäusevangeliums auslege, so entdecke ich drei Bedeutungen:

1 Zum einen ist das Gebet des Herrn der Weg, tiefer in die Gesinnung Jesu hineinzuwachsen. Matthäus versteht Jesus vor allem als Sohn: Er ist der geliebte Sohn des Vaters. Jesus gibt uns nun durch seinen Geist Anteil an seiner Sohnschaft, in der Bergpredigt zeigt er uns, wie Söhne und Töchter Gottes leben sollen. Im Vaterunser weist er uns den Weg, uns – wie Jesus selbst – als Söhne und Töchter Gottes zu erfahren.

Das Gebet will uns in die Erfahrung einführen, die Jesus mit seinem Vater gemacht hat. Im Beten des Vaterunsers haben wir Anteil an seiner intimen Beziehung zum Vater. Das Beten will uns in eine neue Weise der Gotteserfahrung führen: in die Erfahrung des väterlichen und mütterlichen Gottes, der uns immer genauso liebend nahe ist wie Jesus.

Man könnte diese erste Bedeutung des Vaterunsers mystisch bezeichnen. Mystik meint dabei keine überschwänglichen Gefühle und auch keine Visionen oder Erleuchtungen. Mystik bedeutet nach einer philosophischen Definition »cognitio dei experimentalis«: eine erfahrungsmäßige Erkenntnis oder eine existenzielle Erfahrung Gottes. Wir glauben nicht nur an Gott, sondern wir erfahren ihn. In den Worten des Vaterunsers können wir – wenn wir sie mit ganzem Herzen sprechen – eine neue Erfahrung Gottes machen: die Erfahrung der zärtlichen Liebe Gottes und einer intimen Beziehung zwischen uns und Gott.

2 Die zweite Bedeutung des Vaterunsers besteht für mich darin, dass es die wesentlichen Themen des Evangeliums darstellt. Dieses Gebet spricht an, was Jesus mit seiner Verkündigung und mit seiner Tätigkeit als Heiler und Helfer den Menschen vermitteln wollte. Es thematisiert sein Erlösungswerk. Daher beten wir uns im Gebet des Herrn immer tiefer in das Geheimnis der Frohen Botschaft Jesu hinein. Wir erfahren das Geheimnis seiner vergebenden Liebe, die uns am Kreuz am klarsten aufgeleuchtet ist. Wir erkennen in diesem Gebet, was Gottes Menschwerdung in Jesus Christus für uns bedeutet, und wir üben uns in diesem Gebet in unsere eigene Menschwerdung ein.

Indem wir die Worte Jesu nachsprechen, werden wir mit seinem Geist erfüllt. Wir verstehen immer mehr, worum es Jesus in seiner Botschaft ging. So ist das Beten des Vaterunsers der Weg in die Mitte unseres Glaubens und in die Mitte unseres Christseins.

3 Die dritte Bedeutung wird durch die Theologie deutlich, die Matthäus mit dem Vaterunser verbindet. Matthäus hat das Vaterunser genau in die Mitte der Bergpredigt gestellt. Alle Forderungen der Bergpredigt sind um dieses zentrale Gebet gruppiert, das Jesus seinen Jünger geschenkt hat.

Was Matthäus in seiner Komposition zum Ausdruck bringt, hat für mich eine theologische Bedeutung: Gebet und Arbeit, Spiritualität und sozialer Einsatz, Kampf und Kontemplation, Mystik und Politik gehören zusammen. Die Forderungen Jesu in der Bergpredigt sind nur als Antwort auf dieses Gebet erfüllbar. Sie sind Ausdruck der Gebetserfahrung, dass unsere Existenz ihre Wurzel im Vertrauen von Söhnen und Töchtern ihrem himmlischen Vater gegenüber hat.

Matthäus sieht Beten und Handeln in einem. Darin wird seine Theologie der Gnade sichtbar. Das neue Tun, das die Christen auszeichnet, strömt aus der Erfahrung des Gebetes. Die Grundlage des Gebetes ist die Erfahrung, dass wir Söhne und Töchter Gottes sind: bedingungslos geliebt von Gott, unserem gemeinsamen Vater, von Gott als unserer wahren Mutter. Wer sich im Gebet als Sohn und Tochter Gottes erfährt, der wird seine Erfahrung in einem neuen Verhalten ausdrücken. Wenn sich das Gebet nicht im Tun äußert, bleibt es wirkungslos. Es führt zum narzisstischen Kreisen um sich selbst.

Das Gebet des Herrn, so wie Matthäus es verstanden hat, will uns zu einem neuen Tun herausfordern: zu einem Tun, das für die ganze Welt heilsam ist und das den Riss, der die Menschen voneinander trennt, überbrückt und heilt.

Gefahr der Privatisierung der christlichen Spiritualität

Heute sind wir tatsächlich in Gefahr, Spiritualität zu einem narzisstischen Kreisen um uns selbst zu verfälschen. Da geht es dann immer nur um das Sichwohlfühlen, um eine Wellness-Spiritualität.

Doch diese Spiritualität ist unfruchtbar für die Gesellschaft. Sie greift nicht ein. Die Privatisierung des Christentums, wie sie in manchen christlichen Kreisen verkündet wird, widerspricht dem Geist Jesu, der auch im Vaterunser zum Ausdruck kommt. Ich kenne Menschen, die einen spirituellen Weg gehen, um sich den sozialen und politischen Konflikten zu entziehen. Sie benutzen ihren Weg, um sich über die anderen Menschen zu stellen: über die, die nur oberflächlich dahinleben, aber auch über die, die sich für andere engagieren.

Ken Wilber, ein amerikanischer Psychologe, meint, die ganze spirituelle Szene in den USA sei in den letzten 20 Jahren eine einzige narzisstische Regression gewesen, die keine Auswirkung auf das politische Handeln gehabt hätte.

Jesus will uns im Vaterunser lehren, dass Mystik und Politik zusammengehören, dass das Gebet des Herrn uns zu einem neuen Verhalten befähigt, aber auch herausfordert. Wer darauf nicht mit einem neuen Handeln antwortet, der hat auch nicht verstanden, was Beten heißt.

Aber auch umgekehrt gilt: Das Vaterunser ist nicht einfach eine Herausforderung, sich sozial zu engagieren. Es ist auch ein Weg in die spirituelle Erfahrung: in die Erfahrung, dass wir Söhne und Töchter Gottes sind. Nur wenn wir uns aus dieser spirituellen Erfahrung heraus für die Gesellschaft engagieren, wird unser Engagement auch zum Segen für die Gesellschaft.

Wir Christen sollen nicht einfach im sozialen Einsatz aufgehen. Wir müssen immer wieder auf den Grund zurückkommen, auf dem unser Einsatz steht. Und dieser Grund ist die mystische Erfahrung der besonderen Nähe zu Gott, einer Nähe, die ihren Grund in der intimen Beziehung Jesu zu seinem Vater hat.

Wenn unser politischer Einsatz nicht vom Gebet getragen wird, wird er uns überfordern. Ein Zivildienstleistender erzählte mir einmal, er engagiere sich für Umweltschutz und Frieden, aber mit sich selber komme er immer weniger zurecht. Er werde immer unzufriedener und aggressiver. Ihm fehlte wohl die spirituelle Erfahrung des Gebetes, da er sich selbst als Atheist bezeichnete. Er hat sicher die Gesinnung Jesu in sich gehabt. Aber er hatte keinen Ort, sich vom Geist Jesu durchdringen zu lassen. Das Gebet ist der Ort, an dem wir mit unserer inneren Quelle in Berührung kommen, aus der heraus wir uns dann für diese Welt einsetzen können.

Der Evangelist Matthäus hat die Verbindung von Mystik und Politik nicht nur dadurch zum Ausdruck gebracht, dass er das Vaterunser in die Mitte der Bergpredigt stellte, sondern auch durch die Kapitel, die er der Bergpredigt folgen lässt. In ihnen beschreibt er die Taten des Messias, die zehn Wunder, die Jesus – ähnlich wie Mose auf dem Weg durch die Wüste – gewirkt hat.

Jesus begnügt sich nicht damit, uns einen Weg zum Gebet aufzuzeigen und uns Weisungen zu geben, wie wir aus diesem Gebet heraus leben sollen. Er selbst greift in die Welt ein. Er selbst führt die Menschen in die Freiheit und in das Leben. Er heilt ihre Wunden und er stärkt ihren Glauben, dass Gott sie in das Gelobte Land führen wird, in das Land, in dem sie ganz sie selbst sein dürfen, authentisch und frei.

Die Politik muss sich aus der mystischen Erfahrung heraus nähren. Die Mystik aber muss in das gesellschaftliche Engagement einmünden. Das haben die Mystiker und Mystikerinnen aller Zeiten bewiesen. Mystikerinnen wie Hildegard, Mechthild und Gertrud haben immer auch für eine authentischere Kirche und eine gerechtere Welt gekämpft. Und der frühere Generalsekretär der Vereinten Nationen, Dag Hammarskjöld, konnte seinen politischen Einsatz aus der Erfahrung des Gebetes heraus bewältigen. Das Gebet gab ihm die Kraft, sich für andere zu engagieren. Es verhalf ihm zu innerer Klarheit und er konnte so erkennen, was Gott von ihm und für diese Welt will.

Die Auslegung des Vaterunsers von der Bergpredigt her

Ich möchte in diesem Buch das Vaterunser im dreifachen Sinn auslegen: einmal als mystische Erfahrung, dann als Kurzfassung der Verkündigung Jesu und nicht zuletzt als Auslegung der Bergpredigt.

Walter Grundmann, ein evangelischer Exeget, hat für mich überzeugend nachgewiesen, dass Matthäus die ganze Bergpredigt um das Vaterunser herum angeordnet hat und dass die verschiedenen Forderungen der Bergpredigt mit den einzelnen Vaterunser-Bitten korrespondieren. Die Bitte »Geheiligt werde dein Name« entspricht den Seligpreisungen. »Dein Reich komme« bezieht sich auf uns, die wir Salz und Licht der Erde sein sollen. Die Bitte »Dein Wille geschehe wie im Himmel also auch auf Erden« konkretisiert sich in den sechs Antithesen, in denen Jesus den Willen Gottes in unser Verhalten hinein interpretiert. »Unser tägliches Brot gib uns heute« wird ausgelegt durch die Beziehung zu Fasten und Almosen und durch das Gedicht von der Sorglosigkeit. »Vergib uns unsere Schuld« entspricht dem »Richtet nicht, damit ihr nicht gerichtet werdet«. Und die Bitte, dass Gott uns nicht in Versuchung führen möge, wird durch die Warnung vor den falschen Propheten entfaltet.

Bei allen Bitten des Vaterunsers soll die Beziehung zur Bergpredigt und zur Botschaft Jesu sichtbar werden. Wir beten uns mit dem Gebet des Herrn in den Geist Jesu hinein, der für uns am klarsten in der Bergpredigt aufleuchtet.

Matthäus hat das Vaterunser nicht nur in die Mitte der Bergpredigt gestellt, sondern auch in die Mitte seines Lehrgedichts über die drei Formen jüdischer Frömmigkeit: Almosengeben, Beten und Fasten.

Jesus übernimmt diese drei Weisen jüdischer Spiritualität und deckt ihren inneren Zusammenhang auf. Beten hängt mit dem Almosengeben zusammen. Das heißt für mich: Wir beten im Sinne Jesu nur richtig, wenn wir auch die soziale Dimension unseres Christseins beachten. Beten ist kein Ersatz für das Almosengeben. Oft genug öffnet uns das Beten, es macht uns bereit, dem anderen auch tatkräftig zu helfen. Und Beten hat mit Fasten zu tun. Es besteht nicht nur in kurzen unverbindlichen Gedanken, sondern im Einsatz für den anderen, das im Fasten körperlich spürbar wird. Fasten ist ein Beten mit dem ganzen Leib.

Zugleich verinnerlicht Jesus das Almosengeben, Beten und Fasten. Es geht ihm nicht darum, seine Frömmigkeit zur Schau zu stellen. Das Gebet soll im Verborgenen geschehen, in der Kammer des eigenen Herzens. Dort im Verborgenen können wir dem verborgenen Gott begegnen, der sich uns zeigt – der sich aber immer wieder auch entzieht, der sich vor uns verbirgt, wie es die jüdische Tradition weiß. Doch Gott, der das Verborgene in uns sieht, will sein Licht in alle Abgründe unserer Seele und auch in die verborgensten Winkel unseres Herzens hineinstrahlen lassen. So geschieht Heilung und Verwandlung. Das Vaterunser soll in der Verborgenheit unseres Herzens erklingen, damit es uns immer tiefer hineinführt in den Grund unserer Seele, in dem Gott seine Wohnung aufgeschlagen hat.

Nach seinen Gedanken über die Verborgenheit des Betens führt Matthäus das Vaterunser mit der Begründung ein, dass die Jünger Jesu anders beten sollen als die Heiden: »Wenn ihr betet, sollt ihr nicht plappern wie die Heiden, die meinen, sie werden nur erhört, wenn sie viele Worte machen. Macht es nicht wie sie; denn euer Vater weiß, was ihr braucht, noch ehe ihr ihn bittet. So sollt ihr beten: Unser Vater im Himmel ...« (Mt 6,7–9)

Im heidnischen Umfeld Jesu war es üblich, Gott durch möglichst viele Worte gleichsam dazu zu zwingen, den Beter zu erhören. Und man wollte mit den vielen Namen, mit denen man die Gottheit ansprach, auch den treffen, der für den jeweiligen Gott zutraf, zu dem man betete. Dadurch erhoffte man, Macht über Gott zu gewinnen. »Dahinter steht der magische Gedanke des Namenszwanges: Die Gottheit wird durch Nennung ihres Namens zum Handeln gezwungen, um den Wünschen des Menschen gefügig zu werden.« (Grundmann, Matthäus 198)

Die Jünger Jesu sollen anders beten. Sie haben es nicht nötig, viele Worte zu machen. Sie brauchen Gott nicht zu zwingen, denn Gott ist ihr Vater. Er weiß, was sie brauchen.

Im Matthäusevangelium lehrt Jesus seine Jünger, was sie beten sollen. Doch in der Einleitung zum Vaterunser zeigt er ihnen auch, wie sie beten sollen: Sie sollen im Vertrauen auf Gottes väterliche Liebe beten. Sie sollen sich beim Beten nicht unter Leistungsdruck stellen und möglichst lange beten. Vielmehr geht es darum, die wenigen Worte, die Jesus uns lehrt, mit ganzem Herzen zu beten. Mit diesen Worten drücken Christen Gott gegenüber aus, worum es in ihrem Leben geht: dass das Reich Gottes komme und der Mensch durch Gottes heilende Nähe heil werde und ganz, richtig und aufrecht, Gottes geliebter Sohn und geliebte Tochter.

Das Vaterunser

Vater unser im Himmel

Jesu intime Beziehung zum Vater

Das Vaterunser beginnt mit der vertraulichen Anrede »Vater«. Das griechische »pater« ist wohl eine Übersetzung der für Jesus typischen Anrede Gottes mit »Abba«, die »lieber Vater« bedeutet.

Die Anrede Gottes als Vater war sowohl bei den Juden wie auch bei den Griechen üblich. Und doch hat dort niemand Gott so persönlich und zärtlich angesprochen wie Jesus. Indem wir seine Anrede des Vaters nachsprechen, haben wir teil an seiner intimen Beziehung zum Vater. Wir werden hineingenommen in seine Gottesbeziehung, in seine zärtliche Nähe zu seinem und unserem Vater. Indem wir mit Jesus diese Worte sprechen, tauchen wir in seine Liebe zu Gott ein. Und so wächst im Beten auch unsere Liebe zu Gott.

Die zärtliche Beziehung Jesu – und damit auch der Christen – zu Gott als dem lieben Vater ist eine einzigartige Beziehung. Gott ist nicht irgendwo. Über Gott sprechen wir immer schon von einer persönlichen Beziehung aus. Vater ist ein Beziehungsbegriff. Vater ist jemand immer in Bezug auf seine Kinder. So ist unser Gott immer schon bezogen auf uns. Wir sind seine Söhne und Töchter. Und als solche beten wir zu Gott, der uns seine väterliche und mütterliche Liebe erweist.

Wir sprechen nicht zum Göttlichen allgemein oder zu einem höheren Wesen, sondern wir wagen es als Christen, den unbegreiflichen Gott als Vater anzusprechen und in diesem Wort unsere Sehnsucht nach einer persönlichen Beziehung zu Gott auszudrücken.

Viele Frauen vermissen den weiblichen Aspekt Gottes im Vaterunser. Doch in dem Wort »abba« ist immer der väterliche und mütterliche Gott zugleich gemeint. Es ist kein strenger, sondern ein liebender Gott. Gott ist Vater und Mutter zugleich. Er ist als Vater der, der uns den Rücken stärkt, der uns Mut macht zum Leben, der zu uns steht und an den wir uns wenden können. Er ist verlässlich, kraftvoll und zugleich zärtlich. Als Mutter schenkt Gott uns Geborgenheit und Liebe. Wir fühlen uns von ihm getragen. Bei ihm sind wir daheim. Er umhüllt uns mit seiner liebenden Gegenwart.

Das Vaterunser und die Vater- und Mutterwunden der Beter

In der Begleitung von Menschen erlebe ich immer wieder, dass sich Menschen mit dem Bild von Gott als Vater schwertun. Sie haben ihren eigenen Vater als streng oder als unzuverlässig, als willkürlich oder hart erlebt. Er hat ihnen nicht den Rücken gestärkt, sondern das Rückgrat gebrochen. Oder aber er war schwach. Er konnte keine wirkliche Beziehung zu seinen Kindern aufbauen und hat sich daher zurückgezogen oder lieber seine Aktivität nach außen verlegt und sich statt in der Familie in der Gesellschaft engagiert.

Diese Erfahrungen mit dem eigenen Vater strömen in die Erfahrung Gottes als Vater ein. Dann erleben wir Gott als abwesend oder als unzuverlässig. Wir spüren seine Kraft nicht. Wir haben den Eindruck, er kümmere sich nicht um uns.

Wenn wir statt »Vater unser ...« »Mutter unser ...« beten würden, hätten jedoch genauso viele Menschen damit Schwierigkeiten. Denn auch die Erfahrungen der Menschen mit der eigenen Mutter sind nicht immer nur positiv.

Die Mutter schenkt dem Kind Geborgenheit, Urvertrauen und das Gefühl, dass es auf dieser Erde willkommen ist. Aber manchmal sind Mütter auch überfordert. Sie können dann nicht das Vertrauen vermitteln, das wir nötig haben. Auch Mütter können immer nur geben, was sie selbst haben. Es gibt Mütter, die zu sehr um sich selbst kreisen und so unfähig sind, den Kindern Wärme und Liebe zu vermitteln. Sie können keine Gefühle zeigen. Andere vereinnahmen die Kinder. Sie leben ihre Gefühle nach Nähe an den Kindern aus und überschütten sie mit Zuwendung, weil sie selbst bedürftig sind. Mit so einer Muttererfahrung tun sich Menschen schwer, Gott als Mutter zu sehen. Sie haben Angst, Gott könne sie vereinnahmen, sie mit seiner Zuwendung gefangen halten und ersticken. Oder aber sie erleben Gott als abweisend und kalt.

Unsere Erfahrungen mit unseren eigenen Eltern projizieren wir auf unser Gottesbild. Ein Priester erzählte mir, er predige immer vom barmherzigen Gott. Davon sei er theologisch überzeugt. Doch da er seinen alkoholkranken Vater als willkürlich erlebt habe, schleiche sich diese Erfahrung immer auch in sein Gottesbild ein. Trotz seiner Predigt habe er manchmal den Eindruck, dass man sich auf Gott nicht verlassen könne, dass er willkürlich sei und einem einen Strich durch die Rechnung mache.

Andere sind fasziniert von dem zärtlichen Gott, den uns Jesus verkündet. Doch die Erfahrung der abweisenden eigenen Mutter macht es ihnen schwer, daran zu glauben.

Die Frage ist, ob unser Gottesbild durch unsere Erfahrungen mit Vater und Mutter festgelegt ist. Dann wären alle, die keine guten Mutter- und Vatererfahrungen gemacht haben, auch in ihrem geistlichen Weg benachteiligt.

Natürlich prägen unsere Vater- und Mutterwunden unsere Beziehung zu Gott. Aber es gibt auch die Erfahrung Gottes als Vater und Mutter, die unsere Vater- und Mutterwunden heilen kann. Jeder Mensch trägt in sich als Sehnsucht ein archetypisches Bild von Vater und Mutter. Auch wenn die konkreten Eltern dieses Bild nicht erfüllen, so bleiben diese Bilder doch als Sehnsucht in ihm. Diese Sehnsucht nach einem guten Vater und nach einer herzlichen Mutter macht ihn offen für Gott als Vater und Mutter. Und so kann er manchmal im Gebet oder in der Meditation mit Gott die Vatererfahrung oder Muttererfahrung machen, die ihm in der Beziehung zu seinen Eltern gefehlt haben.

Im Vaterunser gibt uns Jesus Anteil an seiner Gotteserfahrung. Und indem wir uns in die Beziehung zu Gott hineinbeten, die Jesus hatte, können unsere Vater- und Mutterwunden heilen.

Jesus selbst spricht in den vier Evangelien ein einziges Mal das Wort »abba« aus. Und zwar tut er dies im Gebet am Ölberg, also in einer Situation, in der er sich von seinem Vater verlassen fühlte und in einer Stunde, in der er mit dem Vater rang, ob der Weg ans Kreuz wirklich sein Weg sein sollte.

In der Übersetzung von Hermann-Josef Venetz betet Jesus zum Vater: »Abba – lieber Vater, du kannst alles! Lass diesen Leidenskelch an mir vorübergehen! Aber es soll geschehen, was du willst, nicht was ich will.« (Mk 14,36; vgl. Venetz 11) Mitten in der Stunde der Anfechtung und Angst spricht Jesus Gott als seinen zärtlichen Vater an.

So dürfen auch wir das Vaterunser in Situationen beten, in denen wir uns von Gott verlassen fühlen und in denen wir Gott nicht verstehen können. Wenn wir dort mit Jesus diese zärtliche Anrede an den Vater richten, dann werden auch wir mitten in unserer Angst und Dunkelheit, in unserer Verzweiflung und Einsamkeit Gott als den Vater erfahren, der uns den Rücken stärkt, der zu uns hält, auf den wir uns verlassen können und der uns versteht. Manch einer, der an mangelnder Geborgenheit und mangelndem Urvertrauen litt, hat Gott im Gebet als den mütterlichen Gott erfahren, bei dem er daheim sein kann, der ihn mit seiner heilenden und liebenden Nähe umgibt und dessen Gegenwart ihn umhüllt, so dass er sich wie in einem warmen Mantel geborgen fühlt.

Keiner von uns kann das Vaterunser ohne Vorurteil beten. Wir beten es immer schon mit den Erfahrungen, die wir gemacht haben. Aber indem wir uns auf das Gebet einlassen, können wir neue Erfahrungen machen. Manchmal wird uns das Gebet mit den väterlichen und mütterlichen Erfahrungen in Berührung bringen, die wir mit unseren Eltern – oder aber mit Ersatzvätern oder Ersatzmüttern – gemacht haben.

Das Gebet weckt die heilenden, archetypischen Bilder vom zärtlichen Vater und von der liebenden Mutter, die sich in unser Unbewusstes eingeprägt haben. Auch wenn wir uns nicht an gute Väter oder Mütter erinnern, vermittelt uns das Gebet des Herrn die Väterlichkeit und Mütterlichkeit Gottes, die uns guttun. Auf einmal wird unser Blick frei für den wahren Gott, der für uns Vater und Mutter ist, der uns mit seiner Liebe umgibt und uns Geborgenheit und Heimat schenkt.

Das Vaterunser hat nicht nur psychologische Voraussetzungen, sondern – so sagt uns Origenes, Kirchenschriftsteller im dritten Jahrhundert – auch eine theologische Bedingung: »Keiner kann zu Gott ›Vater‹ sagen, wenn er nicht erfüllt ist vom ›Geist, der zu Söhnen macht‹ (Röm 8,15).« (Zit. n.: Bader 16)

Für den griechischen Mystiker Gregor von Nyssa wächst die Erfahrung der Väterlichkeit Gottes durch die Kontemplation: »Wir sollen unablässig die Schönheit des Vaters betrachten und unsere Seele von ihr durchdringen lassen.« (Zit. n.: Bader 17)

Indem wir Gott als Vater betrachten, kommen wir mit den archetypischen Bildern des Vaters in Berührung, die unsere Seele prägen. Archetypische Bilder sind immer heilende Bilder, die uns zentrieren und uns zu unserem wahren Selbst führen. Das Gebet – so meint Gregor von Nyssa – habe so eine heilende Wirkung auf uns. Es zeigt uns Gott, der mit väterlichen Augen auf uns schaut und uns das himmlische Vaterland als Heimat verheißt.

Gott, der Vater aller Menschen

Während das Lukasevangelium im Gebet des Herrn nur die Anrede »Vater« verwendet, erweitert Matthäus zu »Unser Vater im Himmel«. Damit will er etwas Wesentliches ausdrücken: Wir beten im Vaterunser nicht nur zum Vater allgemein, sondern zu unserem Vater.

»Unser Vater«, das bedeutet, dass Gott uns nicht allein gehört. Es ist der Gott aller Menschen – auch derer, die mir nicht so sympathisch sind. Indem ich »Vater unser« bete, bin ich immer schon auf die Menschen um mich herum verwiesen: auf die Gemeinde, in der ich stehe, aber auch auf alle Menschen in der weiten Welt.

Gott ist der Vater aller Menschen. Das Gebet öffnet mich nicht nur für Gott, sondern auch für die Menschen. Das Gebet verlangt auch Solidarität mit allen Menschen, die wie ich Sohn und Tochter Gottes sind. Wenn wir das Vaterunser im Geist Jesu beten, dann fordert es uns dazu auf, vor allem mit den Armen und Ausgestoßenen solidarisch zu sein.

Dass wir gemeinsam zu »unserem« Vater beten, haben schon die Kirchenväter betont. Ich begnüge mich damit, den wunderbaren Text von Augustinus zu zitieren: »Wir sprechen gemeinsam: Vater unser. Welche Würde! So spricht der Kaiser, so spricht der Bettler; so spricht der Sklave, so spricht sein Herr. Gemeinsam sprechen sie: Vater unser, der du bist im Himmel. Sie erkennen also, dass sie Brüder sind, da sie einen Vater haben. Es soll daher ein Herr nicht unwillig sein, dass er seinen Sklaven zum Bruder hat, da der Herr Christus ihn zum Bruder haben wollte.« (Zit. n.: Bader 18)

Johannes Chrysostomus pflichtet ihm bei: »Allen hat Gott den gleichen Geburtsadel verliehen, da er der gemeinsame Vater aller Menschen genannt werden will.« (Zit. n.: Ebd. 19)

Die Gefahr des Gebetes – so wie sie Jesus in der Bergpredigt sieht – besteht allgemein darin, dass man sich über andere Menschen stellt. Jesus sagt daher, dass wir im Verborgenen beten sollen. Gott schaut in das Verborgene. Dort im Innern unseres Herzens begegnen wir Gott. Und mit diesem inneren Gebet stellen wir uns nicht über andere. Denn da begegnen wir auch all dem, was in uns verborgen ist und was wir vor uns selbst verbergen, weil es nicht so angenehm ist.

In der Tiefe unseres Herzens begegnen wir den eigenen Schattenseiten. Wenn wir sie demütig anerkennen, fühlen wir uns mit anderen Menschen verbunden. Und es vergeht uns die Lust, uns über sie zu stellen. Wir wissen, dass wir genauso gefährdet sind wie sie.

Aber zugleich dürfen wir dankbar sein, dass wir mit allem, was in uns ist – auch mit den Schattenseiten, auch mit den verborgenen Abgründen unserer Seele –, von Gott als unserem Vater bedingungslos angenommen sind. Indem wir zu Gott, dem Vater aller Menschen, beten, werden wir eins mit allen Menschen auf der ganzen Welt – vor allem aber mit denen, die vaterlos und mutterlos sind, die sich verlassen fühlen und aus der Gemeinschaft der Menschen ausgeschlossen sind.

Gott ist im Himmel

Wir beten zu Gott, unserem Vater im Himmel. Natürlich wissen wir, dass Gott überall ist, dass er uns umgibt und dass er in uns ist. Aber dennoch haben die Menschen aller Zeiten und Religionen immer zum Himmel aufgeschaut, wenn sie zu Gott beteten. Sie hatten das Gefühl, dass man von der Verhaftung an die Erde und an die irdischen Dinge loskommen muss, um Gott zu erfahren. Der Himmel zieht unseren Blick nach oben.

Das deutsche Wort Himmel kommt von »Hemd«. Es meint das Bergende, das Bedeckende und Schützende. Gott im Himmel ist der Gott, der uns auf all unseren Wegen beschützt und der uns mit seiner liebenden Gegenwart umgibt. Und das Wort Himmel sagt uns, dass wir Gott nicht auf das Niveau unseres Denkens herunterziehen sollen. Gott ist in Jesus zu uns herabgestiegen. Er hat die Kluft zwischen Himmel und Erde überwunden. Aber manchmal sind wir in Gefahr, Gott mit unseren Denkmustern allzu irdisch zu denken. Das Vaterunser lädt uns ein, unseren Blick nach oben zu lenken.

Gott ist wesentlich der transzendente Gott, der das Irdische übersteigt. Paulus mahnt uns im Kolosserbrief im Blick auf Christus, den Auferstandenen: »Strebt nach dem, was im Himmel ist, wo Christus zur Rechten Gottes sitzt. Richtet euren Sinn auf das Himmlische und nicht auf das Irdische!« (Kol 3,1f)

Aber es gilt auch, was der deutsche Dichter und Mystiker Angelus Silesius sagt: »Halt an, wo läufst du hin? Der Himmel ist in dir. Suchst du Gott anderswo, du fehlst ihn für und für.«

Der Himmel ist nicht nur oben, nicht nur außerhalb von uns, sondern in uns. Wenn Gott in unserem Herzen wohnt, dann ist unser Herz der Himmel.

Die mittelalterlichen Mönche sprechen von ihrer Zelle als Himmel: »Cella est coelum.« Die Zelle ist der Himmel, in dem sie mit Gott vertraut sprechen und sich von Gottes Liebe umgeben wissen.

Gott ist immer beides: der Schöpfer, der die ganze Welt erschaffen hat, und der Freund, der in unserem Herzen wohnt. Gott ist außerhalb von uns und in uns. Aber auch der Gott in uns ist unverfügbar. Wir können ihn nicht besitzen. Doch dort, wo Gott in uns wohnt, ist der Himmel. Dort sind wir geschützt. Dort öffnet sich die Enge unseres Lebens und unser Herz wird weit.

Der Himmel ist schon in uns. Doch oft genug haben wir die Beziehung zu ihm verloren. Das Gebet will uns in Berührung bringen mit dem Himmel, der in uns ist. Es weckt in uns die Sehnsucht nach dem Himmel in uns. So sieht es der heilige Augustinus, wenn er schreibt: »Die Worte ›Vater unser im Himmel‹ werden richtig vom Herzen des gerechten verstanden, in dem Gott wie in seinem Tempel wohnt. Darum wird auch der Beter wünschen und sich danach sehnen, dass der, den er anruft, in ihm wohnt.« (Zit. n.: Bader 20)

Indem wir die Worte vom Vater im Himmel sprechen, stacheln wir unsere Sehnsucht nach dem Himmel in uns an. Und indem wir mit unserer Sehnsucht in Berührung kommen, erahnen wir auch den Himmel in uns: Dies ist der innere Raum der Stille, in dem der himmlische Vater in uns wohnt, um uns schon jetzt während unserer Pilgerschaft die Erfahrung des Himmels zu schenken, der uns am Ziel unserer Reise für immer erwartet.

Wenn wir die ersten Worte des Vaterunsers mit der Bergpredigt in Beziehung setzen, so zeigen sie uns die Grundlage eines neuen Verhaltens: Weil wir Söhne und Töchter Gottes sind, weil wir von Gott bedingungslos angenommen sind, müssen wir uns nicht vor allen Menschen rechtfertigen oder verteidigen. Wir müssen nicht um unsere Ehre kämpfen, denn wir haben als Söhne und Töchter Gottes eine unantastbare Ehre.

Die Erfahrung, dass wir Kinder Gottes sind, befreit uns zu einem neuen Verhalten: zu einem Verhalten, das nicht von Angst und Absicherung geprägt ist, sondern von Vertrauen und Freiheit.

Aber das Gebet muss sich auch in diesem neuen Verhalten ausdrücken. Sonst ist es nicht echt. Unser Verhalten zeigt an, ob unser Beten echt ist.

Geheiligt werde dein Name

Der Name verweist auf das Personsein Gottes

Die erste Bitte des Vaterunsers zielt darauf, dass Gottes Name geheiligt werde. Dies ist eine zentrale Bitte Jesu. Sein Anliegen war, dass Gott in seiner Herrlichkeit in dieser Welt offenbar und sichtbar werde.

Und es geht in dieser Vaterunser-Bitte um den Namen Gottes. Jesus verweist uns auf einen Gott, der einen Namen hat und der damit Person ist. Wir dürfen Gott begegnen, der uns als Du gegenübertritt und mit dem wir eine Beziehung eingehen können.

Der Name Gottes soll geheiligt werden. Das heißt: Gott in seiner Person soll für uns offenbar werden. Wenn wir beten, sprechen wir zu Gott als einer Person.

Heute tun sich viele Menschen schwer mit dem Personsein Gottes. Sie meinen, Gott sei Energie oder er sei die Liebe, die alles durchdringt. Mit solchen apersonalen Bildern tun sie sich leichter.

Doch das Gottesbild und das Selbstbild korrespondieren miteinander. Wer Gott nur apersonal sieht, der hat oft Probleme mit seinem eigenen Personsein, mit seiner eigenen Identität und mit Beziehungsfähigkeit. Gott ist immer beides: persönlich und überpersönlich. Er trägt einen unverwechselbaren Namen. Aber er ist zugleich das Geheimnis, das sich uns immer wieder entzieht.

Wie wir das Geheimnis der Person verstehen sollen, bleibt letztlich auch ein Rätsel. Das lateinische Wort »personare« bedeutet »durchtönen«. Die Antike hatte die Vorstellung, dass durch unsere »Maske« und unser Äußeres die Essenz unseres Wesens durchtönt.

Das Mittelalter deutete das Wort »Person« als »per se una«: als das Individuum, das in sich einzigartig ist. Wesentlich für das Personsein ist die unantastbare Würde, die unabhängig von der konkreten Leistung oder Begabung des Einzelnen ist.

Der Personbegriff wurde in der christlichen Theologie zuerst in Bezug auf Gott und das Geheimnis der Dreifaltigkeit entwickelt und erst dann auf den Menschen übertragen. Wir dürfen heute stolz darauf sein, dass das Christentum die Würde und das Geheimnis des Personseins entfaltet hat.

Zur Person gehört die Beziehungsfähigkeit. Der im Jahre 1965 in Jerusalem gestorbene jüdische Theologe Martin Buber hat eine Philosophie der Person entwickelt: »Ich werde am Du.« Im Vaterunser erleben wir uns aus dieser Perspektive als von unserem Wesen her auf Gott und aufeinander bezogen. Der 1968 verstorbene Religionsphilosoph Romano Guardini hat das theologisch dann so ausgedrückt: »Die Dinge entstehen aus Gottes Befehl; die Person aus seinem Anruf.« (Zit. n.: Splett 982)

In der Bitte, dass Gottes Name geheiligt werde, ahnen wir, dass wir nur in unserer Beziehung zu Gott und zueinander zur Person werden, die in sich selbstständig und zugleich von ihrem Wesen her auf andere, die ebenfalls Personen sind, bezogen ist.

Der Name Gottes bezeichnet sein Wesen: die Liebe

Wenn wir vom Namen Gottes sprechen, dann legen wir Gott nicht auf ein bestimmtes Bild fest. Das Zweite Gebot besagt, dass wir uns kein Bild von Gott machen dürfen. Wir brauchen zwar Bilder, um uns Gott vorstellen zu können. Aber Gott ist gleichzeitig jenseits aller Bilder.

Ähnlich ist es mit dem Namen. Wir wollen Gott anreden und eine persönliche Anrede braucht einen Namen. Aber dieser Name legt Gott nicht fest. Auch der Vatername legt Gott nicht fest, sondern öffnet uns den Blick für sein Wesen.

Das Johannesevangelium spricht immer wieder davon, dass Gott durch Jesus Christus verherrlicht wird. Der Höhepunkt dieser Verherrlichung ist das Kreuz. Dort wird die Liebe Gottes vollendet, die in Jesus Christus sichtbar geworden ist. Und in dieser Liebe offenbart sich vor allen Menschen Gottes Herrlichkeit. Jesus sieht seine Aufgabe darin, Gott in dieser Welt zu verherrlichen, damit die Menschen seine Herrlichkeit schauen.

So sagt Jesus im Hohenpriesterlichen Gebet: »Ich habe dich auf der Erde verherrlicht.« (Joh 17,4) Jesus wollte in seiner Botschaft und in seinem Wirken Gottes Herrlichkeit und Gottes Liebe hier auf Erden sichtbar machen. So bitten wir mit den ersten Worten des Vaterunsers, dass Gottes Herrlichkeit auch unter uns heute offenbar werde und dass wir seine Liebe spüren und erfahren.

Heilig ist das der Welt Entzogene

Für die Griechen ist das Heilige das, was der Welt entzogen ist und worüber die Welt keine Macht hat. Zugleich glauben die Griechen, dass nur das Heilige den Menschen zu heilen vermag. Nur wenn der Mensch mit dem Heiligen in Berührung kommt, wird er heil und ganz.

Dass Gottes Name geheiligt werde, bedeutet daher zum einen, dass Gott der Welt entzogen ist. Wir sollen Gott nicht vereinnahmen. Er soll sich selbst als der Heilige erweisen, der in unzugänglichem Licht wohnt. Das entspricht letztlich wieder dem Zweiten Gebot, dass wir Gott nicht auf ein Bild festlegen dürfen.

Martin Luther meint, der Name Gottes ist in sich heilig. Aber wir beten im Vaterunser darum, »dass er bei uns auch heilig werde« (zit. n.: Luz 343). Und das bedeutet letztlich, dass wir durch Gott heil und ganz werden. Ähnlich sieht es schon Cyrill von Jerusalem: »Gottes Name ist heilig von Natur aus, ob wir das aussprechen oder nicht ... Wir bitten, dass der Name Gottes in uns geheiligt werde, indem wir selbst geheiligt werden und heilig leben.« (Zit. n.: Bader 21)

Das Heiligen des Namens als unsere Aufgabe

Johannes Chrysostomus sieht das Heiligen des Namens Gottes aber auch als unsere Aufgabe an. »Gott besitzt ... von sich aus die Fülle aller Herrlichkeit ...; gleichwohl befiehlt er ..., darum zu bitten, dass er auch durch unser Leben verherrlicht werde.« (Zit. n.: Luz 343) Die Heiligung des Namens Gottes geschieht demnach auch durch unser Leben. Indem wir uns den Gesetzen der Welt entziehen und die Heiligkeit Gottes in unserer Freiheit und Liebe sichtbar werden lassen, wird Gottes Name geheiligt. Daher ist auch im Heiligen des Namens Gottes der ethische Aspekt immer mit gemeint. Wir sollen unser Leben von Gott her heiligen lassen.

Gregor von Nyssa, Kirchenlehrer im vierten Jahrhundert, versteht die Vaterunser-Bitte in diesem Sinn: »Wer betet: ›Geheiligt werde dein Name‹ spricht zu Gott etwa in diesem Sinn: Hilf mir mit deiner Gnade, dass ich untadelig, gerecht, gottesfürchtig werde, ein Mensch, der sich jeder schlechten Tat enthält, der die Wahrheit redet, Gerechtigkeit übt, in Ehrlichkeit wandelt, durch Keuschheit leuchtet, mit Weisheit und Mäßigung sich schmückt, nach dem trachtet, was oben ist, das Irdische gering achtet, ein engelgleiches Leben führt.« (Zit. n.: Bader 23)

Gottes Namen heiligen hat aber nicht nur einen persönlichen, sondern immer auch einen sozialen Aspekt. Darauf weist vor allem der Befreiungstheologe Leonardo Boff in seiner Auslegung des Vaterunsers hin. Er schreibt: »Wir heiligen den Namen Gottes, wenn wir durch unser Leben, durch unser solidarisches Handeln dazu beitragen, menschliche Beziehungen herzustellen, die gerechter und heiliger sind und mit der Gewalt und der Ausbeutung des Menschen durch den Menschen Schluss machen. Gott wird immer dann verletzt, wenn man sein Bild und Gleichnis, das der Mensch ist, verletzt, und er wird immer dann geheiligt, wenn die menschliche Würde der Enteigneten und Vergewaltigten wiederhergestellt wird.« (Boff 85f)

Wir müssen immer beides miteinander verbinden: die persönliche Heiligkeit und die Offenheit für die Armen und Entrechteten, die Jesus vorgelebt hat. So kann Boff sagen: »Wer sich bereitfindet, zusammen mit den Unterdrückten für deren eingekerkerte Freiheit zu kämpfen, heiligt Gott in der Arena der Geschichte. Wer sich mit den unterprivilegierten Klassen solidarisiert, an der sozialen Entwicklung teilnimmt und ohne zersetzenden Hass hilft, festere Bande der Brüderlichkeit in das soziale Gefüge einzuweben, heiligt den heiligsten Namen Gottes.« (Boff 87)

Die Heiligung des Namens und die acht Seligpreisungen

Die persönliche und soziale Dimension der Heiligung des Namens Gottes kommt auch in der Beziehung zwischen dieser Bitte zur Bergpredigt zum Ausdruck. Die acht Seligpreisungen legen diese Bitte des Vaterunsers aus. Sie sind der achtfache Pfad Jesu zu gelingendem Leben. Wenn der Mensch in diesen acht Haltungen Halt gewinnt und wenn er an jener Glückseligkeit teilhat, die ihm Jesus mit diesen acht Wegen verspricht, dann wird Gottes Name geheiligt.

Von Irenäus stammt das schöne Wort: »Gloria Dei – homo vivens.« – »Die Herrlichkeit Gottes ist der lebendige Mensch.« Wenn der Mensch so lebt, wie Jesus es ihm in den acht Seligpreisungen vor Augen führt, dann wird Gottes Name in der Welt geheiligt; dann erscheint Gottes Herrlichkeit im Antlitz der Menschen, die sich vom Geist Jesu durchdringen lassen.

Heiligen hat immer auch mit heilen zu tun. Gottes Name wird geheiligt, wenn der Mensch im Schauen auf Gott und in der Achtung seines heiligen Namens heil wird und so zu seinem wahren Wesen findet.

Die Seligpreisungen beschreiben den neuen Menschen, der nach dem Bild Jesu gestaltet ist. Jesus zeigt mit ihnen, zu welcher Haltung jener Mensch fähig ist, der sein Vertrauen auf Gott setzt und seine Sehnsucht auf Gott richtet.

Hier sind ethische Haltungen angesprochen. Der Mensch muss sich auch um diese Haltungen bemühen. Die Seligpreisungen zeigen, dass sich diese acht Verhaltensweisen lohnen, weil sie den Menschen jetzt schon glücklich machen. Jesus zeigt uns in den acht Seligpreisungen einen achtfachen Pfad zu gelingendem Leben. Er ist der Lehrer der Weisheit, der die Weisheit von Ost und West, von Nord und Süd in sich vereint und an uns weitergibt. So haben wir im Vaterunser an seiner Weisheit teil. Wir lassen uns von ihm einen Weg zeigen, wie unser Leben gelingen kann. Jesus spricht nicht einfach den Armen das Glück zu, sondern den Menschen, die bereit sind, alles loszulassen. Er preist nicht einfach die Hungernden selig, sondern diejenigen, die nach der Gerechtigkeit hungern. Wenn die Jünger Jesu sich um diese Haltungen mühen und in sie hineinwachsen, dann wird Gott darin verherrlicht. Und zugleich wird der Christ dadurch glücklich, selig.

Das griechische Wort »makarios« ist ursprünglich den Göttern vorbehalten. Die Götter auf dem Olymp zeichneten sich durch innere Freiheit aus. Sie mussten sich nicht nach der Meinung der Menschen richten. Sie standen nicht unter dem Druck, etwas leisten zu müssen. Und sie waren unsterblich. In den acht Haltungen der Seligpreisungen hat der Mensch teil an Gottes Herrlichkeit und erfährt so innere Freiheit. Als Sohn und Tochter Gottes muss er sich nicht nach der Meinung der Menschen richten. Er lebt nicht von ihrer Anerkennung, sondern aus dem bedingungslosen Angenommensein durch Gott heraus. Wenn er diese innere Freiheit verwirklicht, dann wird Gottes Name geheiligt, dann wird die Heiligkeit Gottes – das Enthobensein von der Welt und ihren Gesetzen – im Menschen sichtbar, dann wird Gott im Menschen verherrlicht.

Gottes Name wird sichtbar im Menschen, der auf neue Weise zu leben versteht und der sich nicht mehr nach den Erwartungen dieser Welt richtet, sondern nach Gottes heiligem Willen. Die acht Haltungen, in denen sich der Mensch als Sohn und Tochter Gottes und als Bruder und Schwester Jesu erweist, sind:

- die Armut im Geiste (eine geistige Haltung, in der ich alles loslasse und mein Vertrauen auf Gott setze),
- die Trauer (in der ich nicht nur den Verlust lieber Menschen betrauere, sondern auch beispielsweise meine eigene Durchschnittlichkeit, meine verpassten Chancen, meine Ehe, die nicht meinem Idealbild entspricht),
- die Gewaltlosigkeit (in der ich sanft mit mir und mit den Menschen umgehe),
- der Hunger nach Gerechtigkeit,
- die Barmherzigkeit,
- die Reinheit des Herzens (die innere Lauterkeit meint),
- das Friedenstiften und
- die Bereitschaft, um der Gerechtigkeit willen verfolgt zu werden.

In den letzten beiden Seligpreisungen kommt zum Ausdruck, dass es nicht nur um persönliche Tugenden geht, sondern um die Bereitschaft, sich für eine gerechtere Welt einzusetzen.

Die soziale Dimension ist in den Seligpreisungen immer mit gemeint. Die acht Tugenden, die uns Jesus in den Seligpreisungen vor Augen führt, braucht der Mensch, damit sein Leben taugt, damit es gelingt und auch für andere Frucht bringt. In diesen Haltungen werden die Gestalt Jesu und das wahre Bild des Jüngers Jesu sichtbar. Alle diese Haltungen werden von Gott »belohnt«. Dies ist kein äußerlicher Lohn, vielmehr tragen diese Tugenden ihren Lohn in sich: Wer beispielsweise ein reines Herz hat, der wird fähig, Gott zu schauen. Wer in seinem Herzen arm ist, dem gehört jetzt schon das Himmelreich und er ist jetzt schon offen für Gott, der seine Sehnsüchte erfüllt.

In der Bitte, dass Gottes Name geheiligt werde, liegt beides. Zum einen soll Gott in seiner Einzigartigkeit und in seiner Transzendenz, in seiner Hoheit und Weltentzogenheit offenbar werden. Wir sollen Gott nicht für uns vereinnahmen, sondern ihn Gott sein lassen. Gott soll als Gott offenbar werden und nicht als Projektion des Menschen, der nur seine eigenen Wünsche auf Gott wirft und Gott als Garant für die Erfüllung seiner Wünsche versteht. Gott ist immer der ganz andere.

Aber zum anderen ist er Person und damit ein Du, das ich ansprechen darf und zu dem ich Beziehung aufnehmen kann. In Jesus wird diese Beziehung für mich sichtbar und wir dürfen im Vaterunser an dessen persönlicher und intimer Beziehung zu seinem Vater teilhaben.

Aber wenn Gott Gott ist und bleibt, dann wird auch der Mensch wahrhaft zum Menschen. Der Name Gottes wird geheiligt, wenn der Mensch sich vom Geist Gottes durchdringen lässt. Gott ist der Erhabene, der über dem Himmel thront. Wir sollen ihn nicht zu uns herabziehen. Gott ist vielmehr selbst in Jesus zu uns herabgestiegen. Und er zeigt uns in Jesus einen Weg, wie unser Leben gelingen kann und wie wir wahrhaft Mensch werden können. Wir werden nur Mensch, wenn wir mit und durch Jesus zu Gott aufschauen und an seiner Heiligkeit teilhaben.

Dein Reich komme

Die ersten Worte der Verkündigung Jesu sprechen schon vom Reich Gottes. Beim Evangelisten Markus beginnt Jesus seine Predigt in Galiläa mit den Worten: »Die Zeit ist erfüllt, das Reich Gottes ist nahe. Kehrt um und glaubt an das Evangelium.« (Mk 1,15)

Jesus spricht nicht statisch vom Wesen Gottes, sondern dynamisch von seinem Kommen. Gott ist der, der in die Welt eingreift und der sein Reich aufrichtet. Er will in der Welt herrschen, um die Welt so zu gestalten, wie er sie in der Schöpfung ursprünglich gewollt hat.

Zentraler Inhalt der Verkündigung Jesu ist das Kommen des Reiches Gottes. Wenn Gottes Herrschaft in dieser Welt aufgerichtet wird, dann werden die Herren entmachtet, die hier auf Erden ihr Reich aufgerichtet haben, und dann verlieren die dunklen und verborgenen Mächte, die diese Welt beherrschen, ihren Einflussbereich. Dort, wo Gott herrscht, geschieht Heilung und Erlösung, dort vermag der Mensch auf dieser Erde so zu leben, wie es seinem Wesen entspricht.

Die Herrschaft Gottes ist für die Bibel immer eine befreiende und heilende Herrschaft. Gottes Reich ist die Bedingung für ein gutes, richtiges und sinnerfülltes Leben des Menschen: »Denn Gottes Herrschaft ist, in letzter Tiefe gesehen, die Herrschaft einer schenkenden und frei machenden Liebe, die uns zu unserer wahren Menschlichkeit bringt.« (Blank 618)

Matthäus spricht in seinem Evangelium statt von der Königsherrschaft Gottes (im Griechischen: basileia tou theou) vom Himmelreich. Er hat eine eher räumliche Vorstellung vom Reich Gottes. Das Reich Gottes ist wie ein Haus, in dem der Mensch das Heil vorfindet, das Gott dem Menschen in Jesus Christus gebracht hat.

Markus dagegen hat in seinem Evangelium eine andere Sicht des Reiches Gottes. Gottes Königsherrschaft ist nahe gekommen. Sie ist noch nicht voll da, aber sie wirkt schon in diese Gegenwart hinein und eröffnet uns eine neue Zukunft. In Jesus selbst kommt Gottes Reich zu uns Menschen. Jesus verkündet das Reich Gottes als Nahekommen des heilenden und erlösenden Gottes.

Wo das Reich Gottes kommt, da geschieht Heilung des Menschen, Aufrichten der Gebeugten und Befreiung der Gefangenen. Aber wir müssen auch auf das Nahekommen des Reiches Gottes reagieren. Unsere Reaktion besteht in der Umkehr und im Umdenken. Wenn Gott uns nahe gekommen ist, dann müssen wir die Welt und uns selbst mit anderen Augen ansehen. Wir sollten tiefer hineinschauen und überall in der Welt Gottes Herrschaft erkennen. Und wir sollen an die Frohe Botschaft Jesu glauben.

In den Worten Jesu kommt uns Gottes Herrschaft nahe. Jesus predigt mit Vollmacht. Er spricht von Gott so, dass Gott unmittelbar im menschlichen Herzen ankommt und zu herrschen beginnt. Das vertreibt die Dämonen, all die trüben Geister, die unser Gottesbild verdunkelt haben. So befreit Jesus in der ersten Heilungsgeschichte, die Markus schildert, einen Mann, der ihm in der Synagoge von Kapharnaum zugehört hat, vom Dämonen. (Mk 1,21–28)

Wenn Jesus von Gott spricht, dann können sich die falschen, krank machenden und dämonischen Gottesbilder im

Menschen nicht mehr halten, dann verlieren die Dämonen ihre Macht. Gottes Reich heißt für Markus, dass Jesus die Menschen von den Dämonen – von ihren inneren Zwängen, von falschen Gottesbildern, von krank machenden Lebensmustern und ihren Komplexen – befreit und heilt.

Das Reich Gottes ist schon nahe gekommen. Warum sollen wir dann bitten: »Dein Reich komme«? Wir sollen beten, dass es immer mehr zu uns kommt und alle Bereiche unserer Seele durchdringt und dass es sich auch in unserem Miteinander auswirkt, ja dass es in der ganzen Welt sichtbar wird.

Der heilige Augustinus versteht das so: Wir brauchen Gott nicht zu bitten, dass sein Reich komme, denn das Reich Gottes wird kommen, ob wir wollen oder nicht. »Durch diese Bitte aber erwecken wir unsere Sehnsucht nach diesem Reich, damit es zu uns komme und damit wir es verdienen, in diesem Reich mitzuherrschen.« (Zit. n.: Bader 25) Für Augustinus ist diese Bitte Ausdruck unserer Sehnsucht nach der mystischen Erfahrung des Reiches Gottes, das in uns ist.

Matthäus dagegen versteht die Bitte um das Reich eher kirchlich. Die Gemeinde der Christen soll der Ort sein, an dem Gottes Herrschaft sichtbar wird. Wir beten »Dein Reich komme«, damit Gott immer mehr unter uns Christen sichtbar wird und dass sich durch uns das Reich Gottes in dieser Welt ausbreite.

Die Bitte um das Kommen des Reiches Gottes ist immer auch ein politisches Gebet. Denn wir beten darum, dass Gott in dieser Welt herrsche und die Herrschaft ungerechter Menschen ein Ende habe: Gott soll herrschen und nicht mehr die Götzen des Geldes und der Macht.

Der Schweizer Exeget Herrmann-Josef Venetz nennt es ein »subversives Gebet«. »Denn wenn wir beten, die Herrschaft Gottes möge kommen, ist damit doch auch der Wunsch verbunden, dass alle anderen Herrschaften entmachtet werden. Wenn wir beten, das Reich Gottes möge kommen, dann ist damit doch auch der Wunsch verbunden, dass alle anderen Reiche ausgespielt haben. Das Kommen der Herrschaft Gottes bedeutet tatsächlich die Entmachtung aller Herren, die meinen, das Sagen zu haben, die Entmachtung der Götzen, mögen diese Götzen nun das Gesicht eines Hitlers oder eines Computers haben, das Gesicht des unbegrenzten Wirtschaftswachstums um jeden Preis oder das Gesicht der Apartheid oder das Gesicht des nationalen Egoismus.« (Venetz 37) Das Gebet richtet sich an Gott. Gott selbst möge herrschen. Aber es lässt uns nicht passiv bei dem zusehen, was er tut. Gottes Reich soll auch durch unser Tun in dieser Welt aufgerichtet werden.

Das Reich Gottes und die Gleichnisse vom Himmelreich

Um die Bitte zu verstehen, dass das Reich Gottes kommen möge, ist es gut, wenn wir auf die Botschaft Jesu vom Reich Gottes hören. Vor allem in den Gleichnissen erklärt uns Jesus, was es mit dem Reich Gottes oder der Herrschaft Gottes oder dem Himmelreich – wie es vor allem bei Matthäus immer wieder heißt – auf sich hat.

Das Reich Gottes ist wie ein Same, der in den »Acker« des Menschen gesät wird, damit Gott den Menschen durchdringt und in ihm Frucht trägt. Doch oft gleicht der Acker der menschlichen Seele eher einem Weg, der platt getreten ist. Oder der Same fällt auf felsigen Boden. Er geht zwar auf, aber er verdorrt wieder, sobald die Sonne den Boden versengt. Oft fällt der Same in ein Dornengestrüpp, in dem er nicht aufkeimen kann. Die Sorgen dieser Welt – so sagt Jesus – ersticken das Wort, das wir hören. (Vgl. Mt 13,22)

Nur dort, wo der Mensch einen guten Boden zur Verfügung stellt, wird das Wort Gottes in ihm auch wirksam sein und Frucht bringen. (Vgl. Mt 13,1–9) Das Reich Gottes zeichnet sich durch Fruchtbarkeit aus. Wenn Gott in uns herrscht, kann dann wird unser Leben Frucht bringen für die Menschen, mit denen wir leben.

Das Reich Gottes ist kein eindeutiges Offenbarwerden der Herrlichkeit Gottes in dieser Welt, so dass alle daran glauben müssen. Das Reich Gottes ist vielmehr – solange wir auf Erden leben – immer mit anderen Kräften vermischt, die in der Welt wirken.

So ist es mit dem Himmelreich »wie mit einem Mann, der guten Samen auf seinen Acker säte. Während nun die Leute schliefen, kam sein Feind, säte Unkraut unter den Weizen und ging wieder weg« (Mt 13,24f). In den Acker unserer Seele und in den Acker der Kirche ist auch Unkraut gesät. Und wir können es nicht herausreißen, ohne dass dabei der Weizen in Mitleidenschaft gezogen würde. Matthäus denkt bei diesem Gleichnis Jesu wohl an die Rigoristen, die es zu seiner Zeit in christlichen Gemeinden gab und die die reine Kirche haben wollten.

Wir können das Gleichnis auch persönlich verstehen. Wir möchten gerne nur gut sein, aber auf dem Acker unserer Seele wächst eben auch Unkraut. Wir dürfen es nicht wuchern lassen, aber wir können es nicht mit Stumpf und Stiel ausreißen, sonst würde auch kein Weizen mehr in uns wachsen.

Es braucht Geduld, damit der Weizen stärker werden kann als das Unkraut und wir trotz aller Vermischung von Gut und Böse in uns dennoch Frucht bringen können. Erst im Tod wird Gott das Gute und Böse in uns für immer scheiden. Dann wird das Reich Gottes in seiner vollen Herrlichkeit sichtbar. Dann wird Gott wirklich in uns und über uns herrschen. Aber jetzt schon sollen wir beten, dass das Reich Gottes zu uns komme, damit der Weizen jetzt schon das Unkraut in uns überwächst.

Die Zuhörer Jesu sind fasziniert von seiner Reich-Gottes-Predigt. Doch sie verbinden damit immer auch die Vorstellung von Macht und Ehre. Die Zebedäussöhne haben die Hoffnung, dass sie im Reich Gottes zur Rechten und zur Linken Jesu sitzen dürfen. Sie verbinden ihre Machtfantasien mit dem Bild des Reiches Gottes. Doch Jesus verweist immer darauf, dass das Reich Gottes hier und jetzt unscheinbar ist. Es ist wie ein kleines Senfkorn. Man kann es übersehen. Aber wenn es aufgeht, dann wird »es größer als die anderen Gewächse und wird zu einem Baum, so dass die Vögel des Himmels kommen und in seinen Zweigen nisten« (Mt 13,32).

Oft sehen wir nichts in uns, das uns auf das Reich Gottes hinweisen könnte. Wir leben wie die anderen auch. Doch auf einmal wirkt Gott in uns und wir werden zu einem Baum, um den herum Gemeinschaft entsteht und an den sich andere anlehnen können. Im Vaterunser beten wir darum, dass das Reich Gottes in uns erfahrbar wird, aber auch, dass die

Gemeinschaft der Christen für die Menschheit zu einem Baum wird, der den Unbehausten Schatten spendet und den Ruhelosen Geborgenheit schenkt.

Und: »Mit dem Himmelreich ist es wie mit dem Sauerteig, den eine Frau unter einen großen Trog Mehl mischte, bis das Ganze durchsäuert war.« (Mt 13,33) Oft scheint uns das Reich Gottes zwischen den Händen zu zerrinnen, so wie Mehl zwischen den Fingern zerrinnt. Doch das Reich Gottes ist wie Sauerteig, der das Mehl unseres Alltags bindet und verwandelt. Und aus ihm entsteht Brot, das die anderen nährt. Die Frau mischt den Sauerteig in 39 Liter Mehl. Sie lässt das Ganze über Nacht stehen, bis am nächsten Morgen der ganze Teig durchsäuert ist.

Manchmal wirkt das Reich Gottes mitten in der Nacht in uns: in unserem Unbewussten. Es durchdringt uns. Das bisschen Sauerteig lässt auf einmal 40 Pfund Brot entstehen: Nahrung für viele. Wenn wir um das Kommen des Reiches Gottes bitten, dann hoffen wir, dass Gottes Geist auch uns ganz und gar durchdringt, bis in die Tiefen unseres Unbewusstseins hinein. Wenn Gott in uns herrscht, werden wir zum Brot für andere. Und wenn Gott in der christlichen Gemeinde herrscht, wird sie zur Nahrung für viele. Auch wenn sich nicht alle der christlichen Gemeinschaft anschließen, hat sie doch eine wichtige Wirkung auf die ganze Gesellschaft. Sie ist wie Brot, das die Menschen in ihrem Hunger und in ihrer Sehnsucht nährt.

»Mit dem Himmelreich ist es wie mit einem Schatz, der in einem Acker vergraben war ... Auch ist es mit dem Himmelreich wie mit einem Kaufmann, der schöne Perlen suchte. Als er eine besonders wertvolle Perle fand, verkaufte er alles, was er besaß, und kaufte sie.« (Mt 13,44–46) In beiden Gleichnissen wird das Reich Gottes mit etwas Kostbarem verglichen, das wichtiger als alles andere ist. Um des Schatzes und um der Perle willen lohnt es sich, alles andere zu verkaufen.

Unser ganzes Streben soll dahin gehen, dass Gott in uns herrscht. Dann ist unsere Sehnsucht nach Reichtum gestillt. Denn Gott ist der wahre Schatz und die wertvollste Perle. Diesen Schatz wird keine Motte fressen. Er bleibt in uns.

Aber das Gleichnis sagt uns auch, dass das Reich Gottes all unseren Einsatz verlangt. Wir müssen alles loslassen, was uns oft beherrschen möchte, um den wahren Schatz zu erwerben, der bereits in uns wohnt. Dann werden wir von aller äußeren Herrschaft frei und unsere Sehnsucht nach Reichtum wird auf eine innere und stille Weise erfüllt.

Nicht alle Menschen kommen automatisch in das Reich Gottes. Der Zugang zum Reich Gottes geschieht durch das Gericht. Das zeigt uns Jesus im Gleichnis vom Fischernetz. Die Fischer lesen die guten Fische aus und werfen die schlechten weg. »So wird es auch am Ende der Welt sein: Die Engel werden kommen und die Bösen von den Gerechten trennen und in den Ofen werfen, in dem das Feuer brennt.« (Mt 13,49)

Solange die Jünger Jesu hier Menschen für die Kirche sammeln, werden sie immer beides fangen: gute und schlechte Fische. Doch am Ende der Welt – und dieses Ende der Welt kommt für jeden Einzelnen in seinem Tod – wird das Gute vom Bösen geschieden. Endgültig in das Reich Gottes kann nur das Gute gelangen. Wenn Gottes Herrschaft alles durchdringt, hat das Böse keine Chance mehr. Es wird hinausgeworfen. Solange wir leben, hat Gott Geduld mit uns. Doch spätestens im Tod wird das Gericht die Scheidung von Gut und Böse vornehmen. Das Wissen darum will uns heute schon zur Entscheidung für das Gute drängen.

Das Gleichnis vom Fischernetz will uns keine Angst machen. Es will uns vielmehr herausfordern, das Gute in uns jetzt schon vom Schlechten zu trennen. Zugleich aber gibt es uns die Hoffnung, dass Gott im Tod die guten Fische in uns in den Korb seines Himmelreiches legt und die schlechten Fische in uns aussondert, so dass wir gereinigt und geläutert in sein ewiges Reich gelangen.

Im Reich Gottes gelten andere Gesetze. Das zeigt das Gleichnis von den Arbeitern im Weinberg. (Vgl. Mt 20,1–16) Im Himmelreich, wie es Matthäus gerne nennt, werden die Ersten die Letzten sein und die Letzten die Ersten. Dort geht es nicht in erster Linie um Leistung, sondern um Gnade. Gott gibt jedem das, was er braucht, um ganz und heil zu werden. Dann kann auch der, der spät zu arbeiten anfängt, noch ans Ziel kommen.

Doch die Ersten, die die Hitze des Tages ertragen haben, dürfen nicht über die Großzügigkeit Gottes murren. Wer im Reich Gottes leben will, muss teilhaben an der Weite des Herzens, die Gott auszeichnet. Sonst wird er sich darin nicht wohlfühlen. Wenn wir um das Kommen des Reiches Gottes bitten, dann beten wir auch darum, dass sich unser Herz weiten möge, um das Geheimnis des Himmelreiches verstehen zu können.

»Mit dem Himmelreich ist es wie mit einem König, der die Hochzeit seines Sohnes vorbereitet.« (Mt 22,2) Wir können diese Einladung ausschlagen, weil uns unser Besitz, unser Erfolg und unsere Beziehungen wichtiger sind als das Mahl, zu dem Gott uns einlädt. Aber alles in uns – das Gute und das Böse – ist eingeladen, an diesem Festmahl teilzunehmen. Doch wir müssen das Hochzeitsgewand anziehen, das Gott uns anbietet: das Gewand seiner Liebe. Dann werden wir in diesem Mahl eins mit Gott und eins mit uns selbst. Das Reich Gottes ist wie ein Hochzeitsmahl, in dem alle Gegensätze in uns und unter uns sich versöhnen.

Und mit dem Himmelreich wird es sein »wie mit zehn Jungfrauen, die ihre Lampen nahmen und dem Bräutigam entgegengingen« (Mt 25,2). Auch hier vergleicht Jesus das Reich Gottes mit dem schönen Bild der Hochzeit. Wir sind wie die Jungfrauen zu einer Hochzeit geladen. Aber wir können die Hochzeit auch versäumen, wenn wir nur in den Tag hineinleben und nicht mit den Lampen auch Öl mitnehmen.

Achtsamkeit und Wachheit sind die beiden Grundhaltungen, die wir für das Reich Gottes brauchen. So will uns die Vaterunser-Bitte auf das Kommen des Reiches Gottes vorbereiten und uns zugleich mit Hoffnung erfüllen, dass dann alles in uns von Gottes Liebe durchdrungen sein wird. Gregor von Nyssa, Kirchenlehrer im vierten Jahrhundert, hat die Verheißung dieser Bitte erkannt: »Wenn dein Reich anbricht, fliehen Trauer und Jammer; dafür kommen Leben, Friede und Freude.« (Zit. n.: Bader 25)

Und Jesus vergleicht das Himmelreich mit dem Mann, der auf Reisen geht und seinen drei Dienern Talente anvertraut. Die beiden ersten wirtschaften mit den Talenten, der dritte vergräbt sein Talent – aus Angst, er könnte einen Fehler machen. (Vgl. Mt 25,14–30) Er will alles kontrollieren, damit ihm ja kein Fehler passiert. Er hat ein Angst machendes Gottesbild. In das Reich Gottes gelangen wir nur, wenn wir das leben und entfalten, was Gott uns anvertraut hat. Gott will den lebendigen Menschen, der seine Fähigkeiten lebt und der das Vertrauen hat, das die Angst überwindet. Wer Gott nur als strafenden und strengen Gott sieht, der bereitet sich hier schon die Hölle.

Jesus will uns mit dem Gleichnis von den Talenten auffordern, uns nicht vor lauter Angst zu vergraben, sondern er will uns ermutigen, das, was er uns anvertraut hat, aufs Spiel zu setzen. Wer sein Leben verweigert, für den gibt es jetzt schon Heulen und Zähneknirschen. Im Reich Gottes lebt man aus Vertrauen. Dann bringen die Gaben, die Gott uns schenkt, auch Frucht. Diese Haltung des Vertrauens und der Achtsamkeit ist Einlassbedingungen für das Reich Gottes. Das Reich Gottes kommt nicht einfach. Es verlangt von uns vollen Einsatz.

Das Reich Gottes, von dem Jesus immer wieder spricht, wird in ihm selbst erfahrbar. Aber es wird auch in den Menschen sichtbar, die sich von Gott bestimmen lassen. So richtet sich die Bitte, dass das Reich Gottes kommen möge, einmal an Gott, dass er sich als Gott zeigen soll, dass er über die Ungerechten dieser Welt herrschen möge und das Reich seiner Liebe in dieser Welt aufrichten möge. In seinem Reich dürfen wir als freie Menschen in Frieden und Versöhnung leben. Und zugleich erklären wir uns in dieser Bitte dazu bereit, am Aufbau dieses Reiches mitzuarbeiten, indem wir Gott in uns herrschen lassen und Gottes Geist in diese Welt hineintragen. Überall, wo Menschen miteinander versöhnt leben, wird das Reich

Gottes erfahrbar. Dort, wo wir Versöhnung stiften, bauen wir am Reich Gottes in dieser Welt mit.

Das Reich Gottes kommt durch uns

Matthäus legt die Bitte um das Kommen des Reiches Gottes in der Bergpredigt in den Worten vom Salz der Erde aus: »Ihr seid das Salz der Erde. Wenn das Salz seinen Geschmack verliert, womit kann man es wieder salzig machen?« (Mt 5,13)

Indem die Christen zum Salz der Erde werden, wird Gottes Reich auf Erden sichtbar. Das Salz hat eine vierfache Bedeutung: »Es bewahrt vor Fäulnis, würzt fade Speise, reinigt die Opfer ebenso wie das neugeborene Kind, und es hat schließlich seine Bedeutung für den Bund zwischen Gott und den Menschen und zwischen verschiedenen Menschengruppen.« (Grundmann 137)

Wenn sich die Christen vom Geist Jesu leiten lassen, dann haben sie eine wichtige Funktion für die ganze Welt. Sie bewahren die Menschen davor, innerlich zu verfaulen und zu verderben. Der Anspruch der Botschaft Jesu hält den Menschen lebendig, so dass er nicht verdirbt. Die Christen sind wie das »Salz in der Suppe«. Sie geben sich nicht mit dem Sichanpassen an die äußeren Verhältnisse zufrieden. Und wer von Jesu Geist durchdrungen ist, hat eine reinigende Wirkung auf seine Umgebung. Da klärt sich etwas um ihn. Er lässt sich nicht von den Emotionen der anderen trüben.

Und schließlich haben die Christen die Aufgabe, Verbindungen zwischen den verschiedenen Menschengruppen zu schaffen. In all diesen Auswirkungen des Christseins auf die Welt kommt das Reich Gottes bei den Menschen an.

Die Christen sind – so sagt es auch die Bergpredigt – das Licht der Welt. »Ihr seid das Licht der Welt. Eine Stadt, die auf einem Berg liegt, kann nicht verborgen bleiben. Man zündet auch nicht ein Licht an und stülpt ein Gefäß darüber, sondern man stellt es auf den Leuchter; dann leuchtet es allen im Haus. So soll euer Licht vor den Menschen leuchten, damit sie eure guten Werke sehen und euren Vater im Himmel preisen.« (Mt 5,14–16) Jesus ist das eigentliche Licht, das denen leuchtet, »die im Schattenreich des Todes wohnten« (Mt 4,16).

Die Christen sollen Anteil an Jesu Aufgabe haben. Wenn sie in der Gemeinschaft mit Christus und aus seinem Geist heraus leben, sind sie Licht für die Welt. Aber sie dürfen dieses Licht nicht verdunkeln, indem sie nur um sich selbst kreisen und das Licht, das sie empfangen haben, nicht weitergeben. Das Licht leuchtet nicht nur in ihrer Verkündigung, sondern vor allem in den guten Werken, die sie für andere Menschen tun.

Dies sind vor allem die Werke der Barmherzigkeit und die Werke des Friedenstiftens. Wie Jesus in seiner letzten Rede vom Weltgericht zeigt, richten sich diese Werke – die Hungernden zu speisen, die Nackten zu bekleiden und so weiter – an alle Menschen. Die Christen sollen Licht für alle Menschen sein, indem sie allen die Liebe erweisen. Sie sollen darum wissen, dass sie das, was sie dem geringsten Bruder tun, Christus selbst tun. (Vgl. Mt 25,40)

Das, was die Christen leben, was sie durch ihr Gebet ausstrahlen und wie sie sich für andere Menschen engagieren, soll vor aller Augen sichtbar werden. Christen sollen sich nicht verstecken. Jesus traut seinen Jüngern, die aus unbedeutenden Orten Galiläas stammen, zu, dass sie die ganze Welt durch ihr Sein und Tun erleuchten. Wenn die Menschen das neue Handeln der Christen sehen, werden sie den Vater im Himmel preisen. Indem Christen Licht für die Welt sind, werden die Augen der Menschen für Gottes Licht und Herrlichkeit geöffnet. Und sie werden in unseren Lobpreis Gottes einstimmen, dessen Reich heute unter uns sichtbar wird.

Wir sind als Christen nicht von selbst Salz der Erde und Licht der Welt. In der Bitte um das Reich Gottes bitten wir darum, dass wir dieser Sendung auch gerecht werden können. Wir haben – so sieht es Matthäus in seinem Evangelium – eine Verantwortung für diese Welt. Indem die Christen sich ganz und gar vom Geist Jesu durchdringen lassen, werden sie zum Salz, das die ganze Erde würzt, und zum Licht, das die Welt erhellt. Die Kirche – auch wenn sie noch so klein ist – hat die Aufgabe, Sauerteig für diese Welt zu sein und sie mehr und mehr mit dem Geist Jesu zu durchdringen. Dann geschehen auch heute Heilung und Erleuchtung, wie sie damals bei Jesu Kommen aufgestrahlt sind.

Matthäus hat im Kommen Jesu die Verheißung des Propheten Jesaja erfüllt gesehen: »Das Volk, das im Dunkel lebte, hat ein helles Licht gesehen; denen, die im Schattenreich des Todes wohnten, ist ein Licht erschienen.« (Mt 4,16; vgl. Jes 9,1)

Die politische Verantwortung der Christen

Während Markus das Salz und das Licht als Bilder für das Wort Jesu nimmt, das unserem Leben Würze schenkt und uns erleuchtet, deutet Matthäus diese beiden Bilder auf die Christen hin. Die christliche Gemeinde hat die Aufgabe, Salz der Erde und Licht für die Welt zu sein.

Der Christ hat eine Verantwortung für die ganze Welt. Wenn er dem Wort Jesu gemäß lebt, hat dies Auswirkungen auf seine Umgebung. Durch sein neues Verhalten kommt Gottes Reich bei den Menschen an und wird Gottes Reich in dieser Welt sichtbar. Das ist die politische Dimension dieser Bitte. Auch wenn sich nicht jeder Christ ausdrücklich politisch engagiert, so hat er in seiner Spiritualität doch eine Verantwortung für die Welt.

Das haben auch die frühen Mönche verstanden, die aus der Welt ausgewandert sind, weil sie sich nicht mit dem Verfall der antiken Welt zufriedengaben, in der es den Menschen nur noch um Brot und Spiele ging – nur noch um Vergnügen und nicht mehr um Verantwortung. Sie sind bewusst in die Wüste gezogen. Sie glaubten, wenn sie dort im Herrschaftsbereich der Dämonen die Dunkelheit besiegen würden, dann werde die ganze Welt heller.

Wenn wir in unserem Herzen das Licht Christi scheinen lassen, wenn es in unseren Gedanken, in unserem Reden und Tun aufleuchtet, dann wird die Welt um uns herum heller, menschlicher und christlicher. Heute geht es weniger um einen Auszug der Christen in die Wüste, sondern um ein Ausbrechen aus den Maßstäben dieser Welt: etwa aus dem Streben nach immer mehr Konsum, aus der Verherrlichung der Gewalt. Das Licht der Christen soll in dieser Welt aufstrahlen. Aber es kann nur leuchten, wenn es sich von dieser Welt nicht vereinnahmen und verdunkeln lässt.

Auch die christliche Gemeinschaft kann durch ihren Umgang miteinander, der von Vergebung und Versöhnung geprägt ist, ein Licht für die Welt sein. Wenn zwei oder drei miteinander Gottes Liebe verwirklichen, dann geht von ihnen etwas aus, das die ganze Welt verändert.

Das Zeugnis der Gemeinschaft hat vor allem der Evangelist Lukas im Blick. Er schildert die erste christliche Gemeinde in der Apostelgeschichte als eine Gemeinschaft von Menschen, die ein Herz und eine Seele waren. (Vgl. Apg 2,44–46) Für ihn war das Miteinander von Juden und Griechen, von Männern und Frauen, von Armen und Reichen ein Zeichen, dass das Reich Gottes wirklich gekommen ist. In dem neuen Miteinander der Christen wurde für die Welt etwas vom Reich Gottes sichtbar.

Aber das Reich Gottes ist nicht für immer gekommen. Es ist immer auch im Kommen. Es kommt, »wenn den Verarmten, Ausgeraubten und Unterdrückten allmählich Gerechtigkeit wird. Immer wenn Bande der Brüderlichkeit, der Eintracht, der Teilhabe und der Achtung vor der unverletzlichen Würde des Menschen wiederhergestellt werden, dann bricht das Reich Gottes auf« (Boff 104f). In der Bitte, dass das Reich Gottes kommen möge, drücken wir unsere Hoffnung aus, dass Gott eine gerechtere Welt schaffen wird. Aber zugleich soll diese Bitte unsere Bereitschaft wecken, für eine gerechtere Welt zu kämpfen, in der Gottes Reich schon heute sichtbar wird.

Lukas hat die Gemeinschaft der Urkirche als Vorbild für die ganze Welt beschrieben. Heute, im Zeitalter der Globalisierung, bekommt der Auftrag der Christen, Licht für die Welt zu sein, noch einen anderen Akzent. Es geht nicht nur darum, dass die christliche Gemeinschaft Menschen aus allen Nationen und Kulturen aufnimmt und miteinander versöhnt und so ein Vorbild einer versöhnten multikulturellen Gemeinschaft wird. Vielmehr geht es auch um das Miteinander von Christen und Nichtchristen in der Welt.

Die Kirche kennt in ihrer Missionsgeschichte immer wieder gewaltsame Bekehrungen. Genauso wenig wie dies damals richtig war, dürfen und können wir auch heute nicht Menschen zum Christsein zwingen. Wir sollen vielmehr die Menschen, die in anderen Religionen leben, in ihrer Erfahrung achten. Wir sollen im Dialog mit ihnen hören, was wir von ihnen lernen können. Und wir sollen zugleich Zeugnis ablegen für die Hoffnung, die uns bewegt.

Die Religionen könnten heute gemeinsam zu einem Sauerteig der Humanisierung für unsere Welt werden. Denn wenn die Globalisierung nur mit wirtschaftlichen Maßstäben durchgeführt wird und wenn es nur um die Macht des Stärkeren geht, dann wird sie zum Fluch für unsere Welt. Wenn wir jedoch im Dialog miteinander erkennen, was uns gemeinsam ist, können wir die gemeinsamen Werte in dieser Welt hochhalten. Dies ist dann keine Vermischung der Religionen, sondern ein Miteinander in dem, was sie verbindet. Darüber hinaus sollen wir Christen immer die Mahnung Jesu hören und uns über die eigene Identität klar werden. Diese Identität zeigt sich in unserem Glauben, aber – nach der Bergpredigt – auch in unserem neuen Verhalten, das den Geist Jesu widerspiegelt und diese Welt erhellt.

Die mystische Dimension des Reiches Gottes

Für mich hat die Bitte, dass das Reich Gottes kommen möge, aber auch eine mystische Dimension. Im Lukasevangelium sagt Jesus vom Reich Gottes, dass es schon in uns ist. (Vgl. Lk 17,21) Martin Luther hat diesen Vers in seiner Bibelübersetzung so schön übersetzt: »Das Reich Gottes kommt nicht mit äußerlichen Gebärden. Man wird auch nicht sagen: Siehe hie oder da ist es. Denn sehet. Das Reich Gottes ist inwendig in euch.« (Lk 17,20f) Im Griechischen heißt es wörtlich wiedergegeben: »Das Reich Gottes kommt nicht unter Beobachtbarkeit.« Wir können es nicht sehen. Es ist innerlich. Es ist auf der Innenseite unserer Seele. Es ist der innere Raum der Stille, den jeder Mensch in sich trägt.

Oft ist dieser Raum aber durch den Lärm unserer Gedanken oder durch den Lärm dieser Welt zugestellt. Im Gebet sollen wir in diesen Raum der Stille gelangen, in dem Gott in uns wohnt und herrscht. Dort, wo Gott in uns herrscht, sind wir frei. Dort haben Menschen keine Macht über uns. Ihre Ansprüche, ihre Erwartungen und ihre Urteile können in den Raum der Stille nicht eindringen. Auch unsere eigenen Selbstentwertungen, unsere Sorgen und Ängste und unsere Schuldgefühle haben dort keinen Zutritt.

Dort, wo Gott in uns herrscht, kommen wir zu unserem wahren Wesen. Dort kommen wir mit dem unverfälschten und ursprünglichen Bild in Berührung, das Gott sich von uns gemacht hat. Dort sind wir eins mit Gott. Wo Gott, das Geheimnis, in uns wohnt, können wir bei uns daheim sein. Und dort, wo Gott in uns herrscht, sind wir wahrhaft frei. Und wir kommen in Berührung mit unserem wahren Selbst. Wo Christus in uns ist, sind wir mitten in dieser unheilen Welt heil und ganz. Unser innerster Kern ist nicht von der Sünde infiziert, sondern vom Geist Jesu erfüllt.

Dort kommen wir auch in Berührung mit unserem wahren Selbst – im Griechischen »autos« –, dem inneren Heiligtum der Seele. Wir werden authentisch. Und wo Gott in uns aufstrahlt, wird alles rein und klar. Da klärt sich alles auf. Wir kommen mit dem lauteren und unverfälschten, mit dem reinen und makellosen Kern in uns in Berührung. Und dort, wo Gott, das Geheimnis, in uns wohnt, erfahren wir Heimat. Denn daheim sein kann man nur, wo das Geheimnis wohnt.

Die Bitte um das Reich Gottes ist letztlich die Bitte um die mystische Erfahrung des inwendigen Reiches, des innersten Heiligtums der Seele, in dem wir eins sind mit Gott und durch ihn frei und heil und lauter und ursprünglich und echt.

Dein Wille geschehe wie im Himmel so auf Erden

Im Lukasevangelium fehlt diese Vaterunser-Bitte. Was sie meint, sieht Lukas schon in der Bitte »Dein Reich komme« verwirklicht. Gottes Reich soll kommen, das heißt: Gott soll in uns herrschen – und nicht die Welt. Gott soll unsere Entscheidungen bestimmen – nicht unser Eigenwille.

Im Matthäusevangelium dagegen werden die ersten beiden Bitten nach der Heiligung des Namens und nach dem Kommen des Reiches in der dritten Bitte gleichsam auf die Erde gestellt und mit der Erde verbunden. Das Reich soll hier auf Erden sichtbar werden, der Wille Gottes möge in uns geschehen, so dass auch diese Erde von Gott regiert und bestimmt werde.

Viele tun sich schwer mit dieser Bitte. Sie haben den Eindruck, dass der Wille Gottes etwas Willkürliches sei. Sie meinen, der Wille Gottes stehe dem eigenen Willen entgegen. Und man könne sich nicht einfach dem Willen Gottes ergeben. Denn dann würde man sich selbst aufgeben.

Was die Menschen mit dem Willen Gottes verbinden, das hängt immer davon ab, wie sie den Willen des eigenen Vaters oder der eigenen Mutter erfahren haben. Wenn der Vater die Kinder willkürlich bestraft hat oder wenn er seinen Willen autoritär durchgesetzt hat, ohne auf die Worte und Bitten der Kinder zu hören, dann wird diese Bitte, dass Gottes Wille geschehe, eher Angst und Widerstand in uns auslösen. Wenn wir jedoch den Willen des Vaters oder der Mutter als Kraft erfahren haben, an der wir uns festhalten und aufrichten konnten, dann bekommt diese Bitte eine positive Färbung. Wir spüren, dass es gut für uns ist, wenn Gottes Wille geschehe – und nicht der Wille von willkürlichen Menschen, die dieser Welt unter Umständen ihren Stempel der Ungerechtigkeit und Härte aufprägen wollen.

Gottes Wille und unser Wille

Es ist gut, genau hinzuhören, was der Wille Gottes meint. Wie ist die Beziehung des Willens Gottes zu unserem Willen? Ist unser Wille schlecht? Muss er wirklich gebrochen werden? Warum hat Gott uns dann einen Willen gegeben?

Jesus selbst appelliert immer wieder an den Willen des Menschen. Den Gelähmten am Teich von Betesda fragt er: »Willst du gesund werden?« (Joh 5,6) Der Wille ist wichtig, damit wir gesund werden, damit wir Jesus nachfolgen und seine Weisungen in unserem Leben verwirklichen. Aber es gibt auch den Eigenwillen. Der heilige Benedikt spricht davon, dass wir Gott gehorsam sein und unseren eigenen Willen loslassen sollen. Was ist damit gemeint?

Wir haben in uns verschiedene Ebenen von Willen. An der Oberfläche unseres Willens sagen wir: »Ich will jetzt dorthin fahren.« – »Dazu habe ich jetzt keine Lust.« – »Ich will jetzt etwas essen.« Diesem oberflächlichen Willen steht Gottes Wille oft entgegen. Der oberflächliche Wille richtet sich mehr nach unserer Lust und Laune und fragt nicht danach, was Gott von uns will oder was wirklich gut für uns ist.

Doch wenn wir in der Stille in den Grund unserer Seele kommen und dort genau spüren, was uns guttut, dann sind in dieser Tiefe Gottes Wille und unser Wille identisch. Im ersten Thessalonicherbrief sagt Paulus: »Das ist der Wille Gottes: eure Heiligung.« (1 Thess 4,3) Gottes Wille möchte, dass wir heil werden und ganz und unsere eigentliche Berufung durch Gott erkennen.

Damit wir zu diesem Willen unseres innersten Selbst und darin zum Willen Gottes vorstoßen, braucht es oft ein Ringen. Auch Jesus muss sich am Ölberg zu diesem Willen Gottes durchringen. Sein menschliches Ich scheut davor zurück, den Weg des Leidens und des gewaltsamen Todes am Kreuz zu gehen. Doch im Gebet spürt er, dass dies Gottes Wille ist und dass es letztlich seiner eigentlichen Sendung entspricht. So kann er im Beten den Frieden mit sich selbst finden, indem er sich auf den Willen des Vaters einlässt.

Wenn wir darum bitten, dass Gottes Wille geschehe, dann brauchen wir keine Angst zu haben, dass Gott willkürlich etwas mit uns vorhat, was unserem Wesen schadet. Gott will, dass wir in Übereinstimmung mit unserem wahren Wesen authentisch leben.

Die frühen Mönche unterscheiden den Willen Gottes und unseren Willen immer an der Wirkung: Der Wille Gottes bewirkt in uns Frieden, Lebendigkeit, Freiheit und Liebe. Unser oberflächlicher Wille dagegen bewirkt Zerstreuung, manchmal Härte und Überforderung und Enge.

Wenn wir darum bitten, dass Gottes Wille auch auf Erden geschieht, meinen wir, dass das Heil Gottes auch uns heil und ganz macht. Und wir bitten darum, dass wir mit unserem innersten Wesen in Einklang kommen. Doch zugleich spüren wir das Risiko, das in dieser Bitte steckt. Denn wir haben uns ganz bestimmte Vorstellungen vom Leben gemacht. Wir erhoffen, dass wir immer gesund bleiben und uns kein Leid treffen kann, wenn wir den Willen Gottes erfüllen. Doch dann werden wir doch krank oder ein lieber Mensch wird uns entrissen. Ist das dann der Wille Gottes?

Ich würde das Leid nicht mit dem Willen Gottes identifizieren. Aber wenn ich darum bete, dass Gottes Wille geschieht, erkläre ich mich bereit, auch in den unerklärlichen Widerfahrnissen meines Lebens nach Gottes Willen zu fragen. Und ich spüre, dass ich mich zuerst von meinen Vorstellungen vom Leben verabschieden muss. Gottes Weg für mein Leben kann ganz anders sein, aber letztlich entspricht er meinem wahren Wesen.

Das Beten um das Geschehen des Willens Gottes ist demnach ein Ringen mit dem Vater, dass ich nicht weiter meine Vorstellungen durchsetzen will, sondern dass Gottes Bild von mir und meinem wahren Wesen erkennbar und in mir verwirklicht wird. In diesem Sinn hat der große griechische Kirchenvater Origenes diese Vaterunser-Bitte verstanden: »Sobald der Wille Gottes, wie er im Himmel waltet, auch von uns auf Erden vollzogen wird, werden wir den Bewohnern des Himmels gleichgestellt sein, da wir ähnlich wie jene das Bild des Himmlischen in uns tragen. Und wir werden das Himmelreich erben.« (Zit. n.: Bader 28)

Und der Mystiker Gregor von Nyssa sieht im Willen Gottes die Bedingung dafür, dass wir gesund leben können. Wir werden krank, wenn wir uns vom Willen Gottes trennen: »Gottes Wille ist das Heil der Menschen. Wenn wir uns entschließen, zu Gott zu sagen: Dein Wille geschehe auch in mir, dann müssen wir vorher jenem Leben entsagen, das im Gegensatz zu Gottes Willen steht.« (Zit. n.: Bader 31)

Jesus erfüllt den Willen Gottes

Die Bibel zeigt auf, wie Jesus dem Willen des Vaters gegenüber gehorsam ist. Die Bitte, dass Gottes Wille geschehe, ist daher auch ein Weg zur innigen Gemeinschaft mit Jesus.

Der Hebräerbrief lässt Jesus das Psalmwort sagen: »Da sagte ich: Ja, ich komme – so steht es über mich in der Schriftrolle –, um deinen Willen, Gott, zu tun.« (Hebr 10,7; vgl. Ps 40,9) Und der Hebräerbrief schildert, wie Jesus den Gehorsam lernen musste, um sich in den Willen Gottes zu ergeben: »Obwohl er der Sohn war, hat er durch Leiden den Gehorsam gelernt; zur Vollendung gelangt, ist er für alle, die ihm gehorchen, der Urheber des ewigen Heils geworden.« (Hebr 5,8f) Auch im Johannesevangelium betont Jesus immer wieder, dass er nicht seinen eigenen Willen tut, sondern den Willen des Vaters. (Vgl. Joh 4,34; 5,30)

Gerade im Matthäusevangelium ist Jesus nicht einfach der Lehrer, der uns einen Weg zeigt, sondern er ist der Lehrer, der selbst von dem erfüllt ist, was er sagt. Am Ölberg greift Jesus selbst die Bitte des Vaterunsers auf, die er uns gelehrt hat. Zweimal bittet er den Vater, dass der Kelch an ihm vorübergehen möge. Bei der ersten Bitte fügt er hinzu: »Aber nicht wie ich will, sondern wie du willst.« (Mt 26,39)

Die zweite Bitte klingt schon ergebener: »Mein Vater, wenn dieser Kelch an mir nicht vorübergehen kann, ohne dass ich ihn trinke, geschehe dein Wille.« (Mt 26,42) Jesus erfüllt am Kreuz den Willen Gottes. Doch auch der Wille Gottes macht ihm keinen Strich durch die Rechnung oder zerbricht ihn gar. Der Wille Gottes widerspricht zwar Jesu eigenem vitalen Willen, der auf Erhaltung des Lebens aus ist. Aber im Gebet spürt Jesus, dass es seiner Sendung angemessen ist, seinen Weg bis ans bittere Ende des Kreuzes zu gehen. Das ist die Vollendung seiner Liebe. Darin wird sichtbar, dass Jesus sich ganz in Gott hinein ergibt und so zum Heil für die Menschen wird.

Indem wir das Vaterunser beten, meditieren wir uns in die Hingabe Jesu bis zum Tod hinein. Und wir haben Anteil an Jesu Ringen mit dem Vater und an seiner Ergebung in den Willen Gottes. Wir spüren Jesu Geist und Jesu Liebe. Und wir bitten darum, dass wir uns wie Jesus auf Gottes Willen einlassen können.

Zugleich dürfen wir aber auch um Heilung der Menschen bitten. Wir können beispielsweise darum beten, dass Gott einen kranken Menschen heilt oder eine gefährdete Frau schützt. Wir vertrauen darauf, dass Gottes Wille das Heil und die Heilung des Menschen will. Aber wir ergeben uns in jedem Gebet letztlich in Gottes Willen.

Jedes Gebet endet mit den Worten: »Dein Wille geschehe!« Das ist nicht Resignation, sondern Vertrauen, dass Gottes Wille für uns und für die Menschen, für die wir beten, der beste ist. Wir sprechen vor Gott unsere Wünsche und Bitten aus und ergeben uns zugleich in Gottes Willen, in dem Vertrauen, dass sein Wille unser Heil will, wie es das Kirchenlied singt: »Was mein Gott will, gescheh allzeit, sein Will, der ist der beste. Zu helfen dem er ist bereit, der an ihn glaubet feste. Er hilft aus Not, der treue Gott, er tröst die Welt ohn Maßen. Wer Gott vertraut, fest auf ihn baut, den will er nicht verlassen.«

Der Wille Gottes und die sechs Antithesen der Bergpredigt

Die Bitte um den Willen Gottes wird in den sechs Antithesen der Bergpredigt erfüllt, in denen Jesus die neue Gerechtigkeit, die er von seinen Jüngern verlangt, ausführlich beschreibt. Gottes Wille soll in unserem neuen Verhalten auch auf Erden sichtbar werden.

Sechsmal stellt Matthäus der Auslegung der alttestamentlichen Gebote durch jüdische Lehrer die Auslegung Jesu entgegen, die er mit göttlicher Autorität vorträgt. In dem neuen Verhalten, das Jesus von seinen Jüngern erwartet, drückt sich eine Gerechtigkeit aus, die weit größer als die der Schriftgelehrten und Pharisäer sein soll. (Vgl. Mt 5,20)

Jesus löst dabei das Gesetz des Alten Testaments nicht ab, sondern erfüllt es. Jesu Worte sind die Tür, durch die wir eintreten müssen, um den Sinn der göttlichen Gebote im Alten Testament zu verstehen. Die Mitte seiner neuen Sichtweise ist die Liebe. »Die Liebe ist die Erfüllung, nicht die Abschaffung von Gesetz und Propheten.« (Luz 250) Jesus geht es weder um eine Verschärfung des Gesetzes, noch um seine Aufhebung, sondern um das eigentliche Anliegen, das jedem Gebot zugrunde liegt. Jesus zeigt uns einen Weg, nicht beim Buchstaben des Gesetzes stehen zu bleiben, sondern sein ursprüngliches göttliches Anliegen zu erkennen. (Vgl. Limbeck 85f)

In früheren Betrachtungen hat man die Antithesen der Bergpredigt häufig antijüdisch ausgelegt. Doch das war ein Vorurteil. Viele der Antithesen Jesu werden gerade innerhalb der jüdischen Diskussion um das Verständnis des Gesetzes verständlich. Jesus zeichnet sich durch Radikalität aus, indem er zum einen die Liebe in das Zentrum aller Gebote stellt, zum anderen die Gebote so auslegt, dass sie die ganze menschliche Person betreffen. Jesus verkündet hier keine bloße Gesinnungsethik, sondern eine Ethik, die ein neues Verhalten verlangt, das aus einem Herzen kommt, das sich ganz und gar für Gott geöffnet hat.

Jesus fängt bei den Gedanken und Gefühlen an. Wer sich nur äußerlich an das Gebot hält, in seinem Herzen aber von Zorn und Bitterkeit erfüllt ist, der ist nicht gerecht und nicht von Gottes Liebe ergriffen. Daher kommt es zuerst darauf an, das Herz von Zorn und Groll zu reinigen. Das gelingt aber nur, wenn der Mensch Frieden mit dem inneren Gegner schließt. (Vgl. Mt 5,21–26)

Bei der Auslegung der Antithesen ist es hilfreich, die Worte Jesu nicht nur auf der Objektstufe, sondern auch auf der Subjektstufe zu deuten. Wenn Jesus uns auffordert, mit unserem Gegner Frieden zu schließen, solange wir noch auf dem Weg sind, so meint das wohl auch, dass wir mit dem inneren Gegner ins Gespräch kommen und uns mit ihm aussöhnen. (Vgl. Mt 5,25–26) Sonst kann es sein, dass uns der innere Richter (das Über-Ich) in den »Kerker« unserer Selbstvorwürfe und in das »Gefängnis« unserer Zwänge und Ängste wirft. Wenn wir erst einmal in diesem inneren Gefängnis stecken, kommen wir nicht mehr so leicht heraus.

Das sieht man bei vielen Skrupulanten, die immer wieder um ihre Schuld kreisen und keinen Weg finden auszubrechen.

Mit der Aufforderung, das rechte Auge auszureißen, wenn es uns verführt, und die rechte Hand abzuhauen, ruft Jesus uns sicher nicht zur Selbstverstümmelung auf. Denn die war für Juden verboten. Und hier hat Jesus sicher jüdisch gedacht. Jesus hat sein Wort immer schon bildhaft verstanden. Das rechte Auge beurteilt und bewertet alles, es will durchbohren und durchdringen, bloßstellen und veröffentlichen. Die rechte Hand nimmt alles in die Hand, sie möchte alles »machen« und glaubt, auch innerlich alles machen zu können, was sie will. Diese bewusste Seite muss zurückgeschnitten werden, damit die linke, die unbewusste Seite zu ihrem Recht findet.

Das linke Auge kann noch staunen, es schaut, ohne zu bewerten, und lässt die Dinge und Menschen so sein, wie sie sind. Die linke Hand empfängt und schafft Beziehung. Wer einseitig nur aus seiner bewussten Seite heraus lebt, der gerät schon jetzt in die »Hölle« seiner unbewussten Bedürfnisse und Kräfte, die ihn »zerfleischen«. Alle Worte Jesu sind Worte, die uns zum Leben einladen und uns davor bewahren möchten, einseitig oder selbstzerstörerisch zu leben.

Worte Jesu über die Vergeltung und über die Feindesliebe sind eine Herausforderung. Jesus rät dabei nicht zur Passivität, sondern er zeigt Wege, wie wir das Böse kreativ besiegen können. Die vier Beispiele, die Jesus in Matthäus 5,38–42 aufzählt, sind keine Gebote, sondern vielmehr Konkretisierungen einer Liebe, die das Böse überwindet. Wer sich von Gott bedingungslos geliebt weiß, der hat es nicht nötig, um seines Rechts willen einen Prozess zu führen oder auf den

Gewalttätigen mit Gewalt zu reagieren. Er weiß sich von Gott geschützt.

Auf die Backe zu schlagen ist bei den Juden weniger ein Zeichen von Gewalt, sondern vielmehr von Entehrung. Wer sich von Gott geehrt weiß, braucht um seine Ehre nicht besorgt zu sein. Wer sich von Gott geschützt weiß, kann selbst den Mantel weggeben, den er doch für die Nacht als wärmende Decke brauchen könnte. Und wer in Gottes Liebe ruht, wird sich den römischen Besatzungssoldaten, der ihn nach damaligem Recht zwingen konnte, eine Meile mit ihm zu gehen, dadurch zum Freund machen, dass er zwei Meilen mit ihm geht. Er wird die Feindschaft nicht annehmen, die ihm entgegengebracht wird, sondern im anderen den möglichen Freund sehen.

Jesus zeigt damit Verhaltensweisen auf, die den ewigen Kreislauf von Gewalt und Gegengewalt, von Hass und Gegenhass, von Verletzung und Wiederverletzen durchbrechen und neue Möglichkeiten des Miteinanders schaffen.

Die Kirchenväter haben die Feindesliebe, die Jesus in der sechsten Antithese fordert, als das wahrhaft neue Kennzeichen des Christen gesehen und gepriesen. Auch die Heiden haben sich über dieses neue Gebot gewundert.

Die Liebe zu allen Menschen, auch zu den unfreundlichen und unsympathischen, wird aber auch von jüdischen und griechischen Autoren gefordert. So sagt Marc Aurel: »Auch die zu lieben, die sich gegen uns vergangen haben, das ist uns als Menschen besonders aufgetragen.« (Zit. n.: Gnilka 192) Die stoische Philosophie begründet die von ihr geforderte Feindesliebe mit der inneren Freiheit und mit der Verwandtschaft aller Menschen. Auch der Buddhismus kennt die Feindesliebe. (Vgl. Gnilka 191)

Es geht also nicht darum, das christliche Gebot der Feindesliebe dazu zu missbrauchen, sich über andere Religionen zu stellen. Vielmehr geht es darum, die spezifische Begründung der Feindesliebe bei Jesus anzuschauen und zu verstehen: »Ich aber sage euch: Liebt eure Feinde und betet für die, die euch verfolgen, damit ihr Söhne eures Vaters im Himmel werdet.« (Mt 5,44f)

Jesus zeigt als eine Weise der Feindesliebe das Gebet für den Feind auf. Im Gebet halte ich den Feind Gott hin und überlasse ihn Gott. Gott soll an ihm wirken, was ihm und seiner Seele guttut. Wer den Feind liebt, der bringt damit zum Ausdruck, dass auch er Sohn und Tochter Gottes ist. Die Feindesliebe ist Kennzeichen der Kindschaft Gottes. Mit der Feindesliebe ahmen wir Gottes Verhalten nach, der seine Sonne über Guten und Bösen aufgehen und es über Gerechte und Ungerechte regnen lässt. (Vgl. Mt 5,45)

Zugleich wachsen wir durch das Praktizieren der Feindesliebe in eine neue Nähe zu Gott hinein. Indem wir anders mit dem Feind umgehen, erfahren wir auch Gott auf neue Weise. Das neue Verhalten ist für Matthäus nie nur Ausdruck des neuen Seins, sondern zugleich der konkrete Übungsweg in die Erfahrung des neuen Seins hinein: in die Erfahrung des barmherzigen Gottes, dessen Söhne und Töchter wir sind.

Carl Gustav Jung hat Jesu Aufforderung zur Feindesliebe so gedeutet, dass wir zuerst den Feind in uns selbst lieben müssten. Erst dann werden wir fähig, auch den Feind zu lieben, der uns von außen bedroht. Denn dann werden wir im Feind, der uns Böses antun will, einen Bruder und eine Schwester sehen, die genauso wie wir selbst von zerstörerischen Antrieben beherrscht werden. Wir entdecken in ihnen das Böse, das wir auch in uns erkannt haben.

Feindschaft entsteht oft durch Projektion. Der andere projiziert das auf mich, was er bei sich selbst nicht annehmen kann. Wer sich selbst kennt und annimmt, der nimmt diese Projektion wahr, ohne sich von ihr bestimmen zu lassen. Er wird nicht zum Feind dessen, der seine feindlichen Seiten auf ihn wirft. Er sieht im anderen den, der sich danach sehnt, mit sich und seinem Leben in Frieden zu sein. Die Feindesliebe bedeutet nicht, dass man dem Feind nicht Grenzen setzen darf. Es tut dem Menschen nicht gut, seine zerstörerischen Tendenzen unbeschränkt auszuleben: Er braucht die Grenze, die andere ihm setzen. Aber zugleich braucht er die Liebe, die das Feindliche in ihm zu heilen vermag.

Wer den Feind liebt, der hat teil an der Vollkommenheit Gottes. Das griechische Wort »teleios« bedeutet nicht nur vollkommen, sondern auch ungeteilt, ungebrochen, ganz, vollständig.

Gott ist vollkommen, weil er sich dem Menschen in ungeteilter Liebe zuwendet. Wenn der Mensch sich auf das Gesetz Jesu – auf »das vollkommene Gesetz der Freiheit« (Jak 1,25) – einlässt, dann bekommt er Anteil an Gott, der in sich ganz und vollkommen ist.

Auch hier müssen wir die Spannung beachten, dass auf der einen Seite die Erfahrung des vollkommenen Gottes ein neues Verhalten ermöglicht, dass aber auf der anderen Seite das Verhalten, zu dem Jesus uns aufruft, auch zu einer neuen Gotteserfahrung führen kann. Wer die Weisungen Jesu befolgt, dessen selbst gemachten Gottesbilder fallen zusammen und der bekommt es mit dem wahren Gott zu tun. Er erfährt Gott als den himmlischen Vater, der ihm den Rücken stärkt und der ihm Mut macht, in einer zerstrittenen Welt eine Spur der Versöhnung zu legen.

Das Verhalten, das Jesus von uns fordert, ist nicht das angepasste Verhalten dessen, der nicht auffallen möchte, sondern das reife Verhalten eines Sohnes und einer Tochter, die sich vom Vater geliebt und gestützt wissen. Weil der Vater ihnen den Rücken freihält, können sie neue Wege der Liebe und des Friedens gehen.

Die Fähigkeit zur Feindesliebe erwächst aus dem Gebet, das Jesus seine Jünger gelehrt hat. Und die Liebe zu den Feinden ist Antwort auf das Gebet, das die Christen täglich sprechen. Im Vaterunser öffnen sie sich für Gott, damit Gottes Geist immer mehr von ihnen Besitz ergreife, damit Gottes Wille immer mehr in ihnen und durch sie geschehe und so diese Welt heile und verwandle.

In der Bitte, dass Gottes Wille nicht nur im Himmel, sondern auch auf Erden geschehen möge, drücken wir unsere Sehnsucht aus, dass wir immer mehr in das Verhalten Jesu hineinwachsen. Cyprian von Karthago schrieb im dritten Jahrhundert: »Der Wille Gottes ist das, was Christus tat und lehrte.« (Zit. n.: Bader 30)

Im Vaterunser bitten wir darum, dass wir das tun, was Jesus tat, und dass wir in unserem Tun seine Weisungen befolgen. Wir spüren beim Beten, dass wir aus uns selbst heraus nicht die Kraft haben, wie Jesus die Feinde zu lieben und an das Gute im Menschen zu glauben. Das Vaterunser will uns mehr und mehr mit dem Geist Jesu erfüllen, damit wir durch unser Verhalten sein Licht in diese Welt hineintragen.

Unser tägliches Brot gib uns heute

Bisher ging es in den Bitten des Vaterunsers immer um Gott: Gottes Name soll geheiligt werden. Gottes Reich komme und Gottes Wille geschehe. In den letzten drei Bitten geht es um unsere persönlichen Nöte.

In der Bitte um das Brot geht es ganz allgemein und grundsätzlich um Nahrung und Lebensunterhalt. Wir bekennen, dass wir auch in unseren irdischen Nöten auf Gottes Hilfe angewiesen sind. Das Brot, um das wir bitten, erinnert uns an das Wort, das Gott zu Adam sagt: »Im Schweiße deines Angesichts sollst du dein Brot essen.« (Gen 3,19) Es braucht Mühe, um immer für den eigenen Lebensunterhalt zu sorgen. Viele Menschen, die heute auch in unserer Gesellschaft in Armut leben, haben Angst und fragen sich, ob etwa das Geld für die Familie reicht oder ob sie auch für das Alter genügend Rücklagen bilden können. Die Bitte um das tägliche Brot will ihre Hoffnung darauf stärken, dass Gott für sie sorgen wird.

Das lebensnotwendige Brot für heute

Jesus hat bei der Bitte um Brot offensichtlich die Armen Israels im Blick. Er wendet sich vor allem den Armen zu und verkündet ihnen die Frohe Botschaft. Dazu gehört auch, dass Gott für das leibliche Wohl der Menschen sorgt.

Wir beten die Bitte um Brot mit den Armen Israels, aber auch mit all den Armen in unserer Welt. Wir fühlen uns solidarisch mit ihnen. Und wir fühlen uns durch diese Bitte herausgefordert, auch das Unsere zu tun, damit alle Menschen dieser Erde zu essen haben.

Jesus hat mit dieser Bitte aber auch seine Jünger im Blick. Die Jünger hatten alles verlassen, um Jesus nachzufolgen. Sie waren aus ihrem täglichen Erwerbsberuf herausgerissen und somit auf die Gaben der Menschen angewiesen. In ihrer Sorge um das tägliche Brot sollten sie das Vertrauen auf Gott einüben, der für sie sorgen und die Hände der Menschen öffnen wird.

Lukas hat die Bitte um Brot anders formuliert: »Gib uns täglich das Brot, das wir brauchen.« (Lk 11,3) Man könnte auch übersetzen: »Unser Brot, das wir nötig haben, gib uns Tag für Tag.«

Lukas hat bei seiner Formulierung nicht mehr die Jünger im Blick, die bei ihrer Predigt herumwandern und auf die Hilfe der Menschen angewiesen sind. Lukas rechnet damit, dass das Leben des Christen lange dauern wird. So soll er sich täglich in das Vertrauen in Gottes Fürsorge einüben.

Hermann-Josef Venetz meint zur lukanischen Formulierung der Brot-Bitte: »Menschen, die so beten, haben nicht mehr nur gerade den heutigen (oder morgigen) Tag vor Augen; sie erbeten die tägliche Sicherung durch Gott auch schon für die Zukunft. So beten nicht mehr nur Arme und Hungernde, so beten sesshafte Familien, Familienväter, Familienmütter, Leute, die Verantwortung tragen füreinander und dabei auch schon an die Zukunft denken. So kommt die Brot-Bitte, wie sie im Lukasevangelium formuliert ist, unserem Lebensstil besser entgegen. Es ist ein Lebensstil, der geprägt und getragen ist von der Verantwortung füreinander.« (Venetz 67)

Bei der Brotvermehrung wurde das Brot für alle geteilt. Im Vaterunser bitten wir, dass Gott uns unser tägliches Brot geben möge. So verweist uns diese Bitte immer auch auf die anderen Menschen. Wir können das Brot nie nur für uns erbitten, sondern nur, indem wir auch an all die Menschen denken, die Not leiden. Das Gebet macht uns sensibel für alle Menschen, die kein Brot haben. Und das Gebet ist auch Aufforderung, das Unsere zu tun, dass diese Menschen Brot bekommen. Leonardo Boff fordert: »Das Brot, das gemeinsam erzeugt wird, muss auch gemeinsam geteilt und gemeinsam gegessen werden. Nur dann können wir wirklich um unser tägliches Brot beten. Gott erhört nicht das Gebet, das nur um Brot für mich selbst bittet.« (Boff 129)

Die Kirchenväter haben bei der Brot-Bitte des Vaterunsers an den täglichen Lebensunterhalt gedacht. Sie mahnen die Christen, dass sie um Brot – und nicht um Reichtum oder Luxus – beten sollen. So sagt Gregor von Nyssa: »Wir sollen lediglich um das bitten, was zur Erhaltung des leiblichen Daseins ausreicht, nicht um Üppigkeit und Reichtum, nicht um farbenprächtige Purpurgewänder, nicht um Goldschmuck und glitzernde Edelsteine.« (Zit. n.: Bader 35)

Wir sollen nicht beten, damit wir möglichst reich werden. Wir sollen uns an Gott wenden, damit wir genügend zum Leben haben. Brot ist aber von vielen Völkern nicht nur als das unbedingt Nötige, sondern auch als etwas Heiliges angesehen worden. »Brot wird mit Ehrfurcht und Verehrung behandelt.« (Boff 141)

Die Exegeten haben darüber gerätselt, wie das griechische Wort »epiousios« zu übersetzen ist. Die wahrscheinlichste

Übersetzung der ganzen Bitte ist: »Unser Brot für morgen gib uns heute.« Die Bitte »gehört in eine Situation sozialer Bedrängnis, in der die Nahrung für den folgenden Tag nicht einfach selbstverständlich vorhanden ist« (Luz 347).

Meinrad Limbeck dagegen plädiert, »epiousios« mit »zum Dasein nötig, das Notwendige« zu übersetzen. Dann würde die Bitte heißen: »Unser notwendiges Brot gib uns heute.« (Limbeck 107)

Die Kirchenväter denken sowohl an das »heute« als auch das »morgen«. So heißt es bei Gregor von Nyssa: »Dadurch, dass der Herr ›für heute‹ bitten heißt, verbietet er die Sorge für morgen; gleichsam als ob er dir sagte: Der den Tag dir gibt, der gibt dir auch das, was zu dem Tage gehört.« (Zit. n.: Bader 36) Augustinus deutet das »heute« als Bild für diese Welt, »in der wir um ein hinreichendes Auskommen bitten. Dies bezeichnen wir mit dem Begriff Brot, da das Brot dessen vorzüglichster Teil ist« (zit. n.: Bader 37).

Für mich bedeutet die Brot-Bitte, dass das, was ich in die Hand nehme, gesegnet sein muss. Nichts ist selbstverständlich. Auch mit unseren irdischen Sorgen und Nöten sind wir in Gottes Hand. Und wir dürfen Gott darum bitten, dass er auch im Alltag für uns sorgt. Wir sollen das Unsere dazu beitragen. Aber es braucht auch den Segen Gottes.

Das Brot der Eucharistie

Jesus selbst hat im Brot noch eine andere Bedeutung gesehen. Er selbst ist das Brot, das vom Himmel herabgekommen ist. Er ist das Brot, das ewiges Leben schenkt. Er kann uns mit seinem Wort nähren. Und er nährt uns mit der Liebe, die er uns in seinem Tod am Kreuz erwiesen hat.

Wir sagen auch von einem Menschen, dass wir uns in seiner Nähe genährt fühlen. Genau diese Erfahrung haben die Jünger mit Jesus gemacht. Jesus hat in der Brotvermehrung gezeigt, dass es nicht nur um irdisches Brot geht, sondern dass er selbst uns das gibt, was wir zum Leben brauchen. So will uns diese Bitte auf Jesus Christus verweisen, der für uns Brot geworden ist.

In der Eucharistiefeier wird dies Wirklichkeit. In ihr gibt sich Jesus selbst im Brot, damit wir mit ihm eins werden. Das Brot essen heißt, es ganz und gar integrieren. So sollen wir durch das Gebet des Vaterunsers ganz und gar von Christus durchdrungen und mit ihm eins werden. Dann vermögen wir wahrhaft so zu leben, wie Jesus es uns vorgemacht hat.

Die Deutung der Brot-Bitte auf die Eucharistie hin schließt nicht die Bitte um das irdische Brot aus. Auch die Kirchenväter verbinden beide Bitten miteinander, ohne darin einen Gegensatz zu sehen. Cyprian meint: »Diese Bitte kann sowohl geistig als auch wörtlich verstanden werden. Beide Auslegungen bergen einen göttlichen Nutzen und dienen zum Heil ... Dass uns Christus, das Brot des Lebens täglich zuteil werde, darum bitten wir, damit wir, die wir in Christus sind und seine Eucharistie täglich empfangen, vom Leib Christi nicht getrennt werden.« (Zit. n.: Bader 37)

Und für Augustinus ist auch das Wort, das wir täglich hören, »Brot«, das uns nährt. »Davon lebt unser Geist, nicht der Bauch.« (Zit. n.: Bader 38) Diese spirituelle Deutung der

Vaterunser-Bitte sollen wir aber nicht gegen die irdische ausspielen. Vielmehr brauchen wir immer beides: das Brot, das wir zum Lebensunterhalt nötig haben, und das geistige Brot des Wortes und der Eucharistie, das unseren Geist nährt und uns mit dem Leib des Herrn vereint, damit wir – wie Augustinus sagt – »das werden, was wir empfangen« (zit. n.: Bader 38).

Die Deutung der Brot-Bitte im Rahmen der Bergpredigt

Der Evangelist Matthäus gibt der Brot-Bitte eine eigene Interpretation. Wenn wir die Feldrede bei Lukas mit der Bergpredigt bei Matthäus vergleichen – beide stammen aus der gleichen Quelle –, dann erkennen wir, dass Matthäus zwischen dem Wort: »Ihr sollt vollkommen sein« und »Richtet nicht« sein sechtes Kapitel eingeschoben hat.

In diesem sechsten Kapitel wird die Bitte »Unser tägliches Brot gib uns heute« durch das Lehrgedicht über die Sorglosigkeit (Mt 6,19–34) interpretiert. Wir sollen um unser tägliches Brot in dem Vertrauen bitten, dass Gott für uns sorgt. Wir sollen nicht ängstlich bitten. Das Beten will uns vielmehr in das Vertrauen hineinführen, dass wir in Gottes Hand sind.

Deshalb sollen wir keine Schätze sammeln. Wir sollen Gott auch nicht bitten, dass unser Geldvermögen immer mehr zunehme. Vielmehr braucht es die innere Freiheit. Es soll uns um den Schatz im Himmel gehen, »wo weder Motte noch Wurm sie zerstören und keine Diebe einbrechen und sie stehlen. Denn wo dein Schatz ist, da ist auch dein Herz«

(Mt 6,20f). Im Gebet soll Gott unser Schatz werden – und nicht das Geld oder das Brot.

Jesus lädt uns ein, um unser tägliches Brot zu bitten. Doch zugleich relativiert er die Sorge um den Lebensunterhalt. Jesus verweist uns im Lehrgedicht auf die Vögel des Himmels und die Lilien des Feldes. Er will die Maßstäbe zurechtrücken, die unser Leben bestimmen. Nicht die Sorge für Nahrung und Kleidung, sondern die Sorge um das Reich Gottes soll uns bewegen: »Euer himmlischer Vater weiß, dass ihr das alles braucht. Euch aber muss es zuerst um sein Reich und um seine Gerechtigkeit gehen; dann wird euch alles andere dazugegeben.« (Mt 6,32f)

Die Sorge um den Lebensunterhalt und die Arbeit, die diesen Unterhalt sichert, gehören zum Menschen. Doch ob der Mensch wahrhaft Mensch ist, das entscheidet sich an seiner Sorge um das Reich Gottes und seine Gerechtigkeit. Wenn Gott im Menschen herrscht, dann wird er wirklich Mensch, dann ist er wahrhaft frei. Wenn Gott im Menschen herrscht, dann wird er zu einer neuen Gerechtigkeit fähig. Dann zeigt sich Gottes Herrschaft auch in einem neuen Verhalten. Und darum geht es letztlich – und nicht um das ängstliche Kreisen um sich selbst.

Im Gebet dürfen wir unsere Sorge um den täglichen Lebensunterhalt ausdrücken. Aber zugleich sollen wir betend die Sorge auch loslassen: »Sorgt euch also nicht um morgen; denn der morgige Tag wird für sich selbst sorgen. Jeder Tag hat genug eigene Plage.« (Mt 6,34)

So hat uns Matthäus im sechsten Kapitel seines Evangeliums eine eigene Deutung der Vaterunser-Bitte um das tägliche

Brot gegeben. Vielleicht hatte er Christen im Blick, die Gott nur darum gebeten haben, dass er ihnen genügend Brot gebe.

Wir sollen die Demut aufbringen, auch um das Irdische zu bitten. Denn ohne Brot können wir nicht leben. Wir sind nicht nur spirituelle Menschen, sondern auch bedürftig und auf die Nahrung angewiesen. Aber zugleich sollen wir die Sorge um das tägliche Brot relativieren. Das Ziel unseres Lebens ist das Reich Gottes. Wenn wir im Gebet den inneren Raum der Stille spüren, in dem Gott in uns herrscht, dann werden wir zwar der Sorge um das tägliche Brot nicht enthoben. Aber sie verliert ihre Dringlichkeit. Wenn Gott in uns herrscht, dann machen wir die Erfahrung, die Teresa von Ávila in dem berühmten Wort ausgedrückt hat: »Gott allein genügt.«

Vergib uns unsere Schulden wie auch wir vergeben unseren Schuldigern

Die Bitte um die Vergebung ist für viele ein Stachel, der sie nicht in Ruhe lässt. Sie spüren, dass sie diese Worte im Vaterunser nicht einfach so beten können. Sie müssen auch bereit sein, selbst zu vergeben.

Das Vaterunser fordert uns heraus, nicht nur an die Vergebung zu glauben, sondern unseren Brüdern und Schwestern auch selbst zu vergeben. Augustinus mahnt die Christen, die zweite Hälfte dieser Bitte aufrichtig zu sprechen: »Wie auch wir vergeben unseren Schuldigern.« Sonst sprechen wir die erste Bitte umsonst. Augustinus weiß als Seelsorger: »Zuweilen vergibt der Mensch mit dem Mund und behält es mit dem Herzen.« (Zit. n.: Bader 43) Doch das ist nicht die Vergebung, die das Vaterunser von uns fordert.

Gregor von Nyssa meint, dass normalerweise unsere Bereitschaft zu vergeben der Erfahrung folgt, dass Gott uns vergeben hat. Doch hier wird diese Reihenfolge umgekehrt: »Wie sonst das Gute in uns durch die Nachahmung Gottes zustande kommt, so dürfen wir in diesem Fall zu hoffen wagen, Gott werde unser Beispiel nachahmen.« (Zit. n.: Bader 41) Gregor geht davon aus, dass wir zuerst vergeben müssen. Dann dürfen wir der Vergebung Gottes gewiss sein. Es gilt sicher beides: Die Erfahrung der unendlichen Vergebung Gottes befähigt uns, einander zu vergeben. Aber umgekehrt vertieft die Vergebung, die wir einander erweisen, unseren Glauben an Gottes Vergebung.

Viele wehren sich dagegen, den Menschen zu vergeben, die sie tief verletzt haben. Sie spüren noch den Schmerz und sind nicht fähig, den Peinigern zu vergeben.

Wir sollen uns mit der Vergebung auch nicht überfordern. Es braucht oft lange, bis wir aus ganzem Herzen vergeben können. Wir müssen zuerst den Schmerz zulassen und betrauern. Wir müssen uns durch die Wut von dem distanzieren, der uns verletzt hat. Und wir müssen verstehen, was bei der Kränkung abgelaufen ist. Dann erst können wir vergeben.

Vergebung ist zuerst ein Akt der Befreiung. Ich befreie mich von der negativen Energie, die durch die Verletzung in mir entstanden ist. Und ich löse mich von der Gebundenheit an den anderen. Wenn ich nicht vergebe, bleibe ich gebunden an den, der mich verletzt hat. Ich gebe ihm so Macht über mich. In der Vergebung befreie ich mich von seiner Macht. Im Vaterunser bekennen wir unseren Willen zu vergeben. Auch wenn wir emotional dazu noch nicht fähig sind, so sind wir doch bereit, uns auf den Weg der Vergebung einzulassen. Wir wollen nicht an der Kränkung festhalten. Das Gebet ist ein erster Versuch, uns von der Verletzung zu distanzieren und das Kreisen um sie aufzugeben.

Der heilige Benedikt hat die reinigende Wirkung der Bitte um Vergebung und Vergebenkönnen erkannt. Er verlangt in seiner Ordensregel, dass der Abt am Morgen und am Abend jeweils laut das Vaterunser betet.

Als Begründung gibt er an: »Denn immer gibt es Ärgernisse, die wie Dornen verletzen. Wenn die Brüder beten und versprechen: ›Vergib uns, wie auch wir vergeben‹, sind sie durch dieses Wort gebunden und reinigen sich von solchen Fehlern.« (RB 13,12f)

Wenn diese Bitte laut ausgesprochen wird, dann können die Brüder nicht an ihren Ressentiments dem anderen gegenüber festhalten. Sie spüren, dass ihnen vergeben wird, aber dass auch sie all das vergeben sollen, was sie gekränkt hat.

Diese positive Wirkung hat das Vaterunser auch in der Familie. Wenn die Familie gemeinsam das Vaterunser betet, reinigt dies die Atmosphäre. All das kann sich auflösen, was an Kränkungen noch in den Herzen festhängt. Und man kann wieder neu aufeinander zugehen. Man muss dabei nicht alles aufarbeiten und besprechen. Manchmal trägt allein die laut gesprochene Bitte dazu bei, dass wir Abstand von unseren gegenseitigen Verletzungen bekommen. Wir fühlen uns selbst frei und geben dem anderen die Chance, wieder von neuem anzufangen. Wir machen ihm keine Vorwürfe. Und wir werden selbst fähig, anders auf ihn zuzugehen: ohne Vorurteile, ohne Rachegefühle, ohne Wertung.

Matthäus spricht nicht von der Vergebung der Sünden, sondern der Schulden. Die Schulden verweisen uns auf das, was wir anderen schulden und ihnen schuldig bleiben. Wir bleiben uns selbst etwas schuldig, wenn wir an uns vorbeileben. Wir bleiben den anderen Menschen etwas schuldig, wenn wir uns nicht für eine gerechtere Welt einsetzen. Wir bleiben der Umwelt etwas schuldig, wenn wir sie zerstören.

Sünde ist oft etwas Unsichtbares. Die Schulden dagegen kann man sehen: etwa auf dem Bankkonto, aber auch »an uns und unserem pervertierten Denken und Handeln, an unseren

Mitmenschen und an ihrer Versklavung, an unserer Umwelt und ihrer Unterdrückung« (Venetz 86).

Die Vergebung Gottes richtet sich nicht nur an uns. Sie ist vielmehr ein schöpferisches Geschehen. Wir vertrauen in dieser Bitte darauf, dass Gott unsere Schulden, die diese Welt belasten, durch sein schöpferisches Tun überwindet. Vergebung hat immer auch eine kosmische Dimension. Die Welt muss entschuldet und damit von den Schulden frei werden, die auf ihr lasten.

Bei der Vergebungsbitte ersetzt der Evangelist Lukas das Wort Schulden durch Sünden. Im griechischen Bereich dachte man bei »Schulden« sofort an finanzielle Schulden – und nicht an die Verletzung göttlicher Gebote. Sünde ist dagegen Verfehlung: Ich ziele am Wesen meines Menschseins vorbei. Ich verweigere das Leben, das Gott mir zugedacht hat.

In der Begründung der Vergebungsbitte geht Lukas davon aus, dass wir bereit sind, auf die empfangene Vergebung durch Gott nun auch denen zu vergeben, die uns gegenüber schuldig sind. Bei Matthäus steht dieser Nachsatz im Perfekt. Wir wagen, um die Vergebung Gottes zu bitten, weil wir schon vergeben haben. Lukas dagegen geht davon aus, dass unsere Bereitschaft zu vergeben in der Erfahrung der Vergebung durch Gott begründet liegt. Indem wir das Vaterunser beten, geschieht beides: die Vergebung durch Gott und unsere Vergebung dem Nächsten gegenüber.

Jesus als Vorbild der Vergebung

Die Bitte um die Vergebung führt uns auch tief hinein in das Geheimnis Jesu Christi. Jesus selbst hat Menschen die Vergebung der Sünden zugesprochen. Er hat Sünderinnen und Sündern immer wieder Mut gemacht, an Gottes Vergebung zu glauben. Am Kreuz wird Gottes vergebende Liebe für uns am klarsten sichtbar.

Lukas zeigt uns, dass Jesus am Kreuz sogar seinen Mördern vergeben hat. Das gibt uns die Hoffnung, dass es auch in uns nichts gibt, was Gott nicht vergeben wird. Jesus sagt am Kreuz aber nicht einfach: »Ich vergebe euch.« Vielmehr legt Lukas Jesus ein Gebet in den Mund: »Vater, vergib ihnen, denn sie wissen nicht, was sie tun.« (Lk 23,34)

Wir dürfen diese Bitte auf uns beziehen. Dann hören wir auf, uns selbst zu beschuldigen und uns selbst vorzuwerfen, wie schlecht und schlimm wir seien. Jesus spricht uns nicht nur die Vergebung zu. Er entschuldigt uns gleichsam, weil wir letztlich Unwissende sind. Wenn wir schuldig werden, dann wissen wir oft nicht, was wir tun. Wir merken gar nicht, wie sehr wir den anderen verletzen. Wir spüren nicht, wie wir an uns selbst vorbeileben. Diese Bitte ermöglicht uns, uns von unserer Schuld zu distanzieren und sie in die Vergebung Gottes hineinzuhalten.

Die Bitte Jesu ermöglicht es uns aber auch, unseren Brüdern und Schwestern zu vergeben. Wir können mit Jesus für sie beten: »Vater, vergib ihnen, denn sie wissen nicht, was sie tun.« Dann werden wir ihnen ihr Tun nicht mehr vorwerfen. Wir spüren dann, dass sie in der Tiefe ihres Herzens nicht gewusst haben, was sie uns mit ihren Worten oder ihrem Verhalten angetan und wie sehr sie uns verletzt haben. Dieses Gebet bewirkt in uns die Vergebung anderen Menschen gegenüber. Betend wächst in uns die Bereitschaft zu vergeben.

Das ist wohl auch der Sinn des Vaterunsers, dass wir durch das Beten offen werden, einander zu vergeben und zugleich an die Vergebung Gottes zu glauben. Aber das Aussprechen dieser Worte erinnert uns auch daran, dass wir in dieser Welt immer wieder schuldig werden – nicht nur in unserem Verhalten konkreten Menschen gegenüber, sondern indem wir die sündhaften Strukturen dieser Welt durch unser Verhalten unterstützen: die ungerechte Ausbeutung der Armen und der Schöpfung, die Umweltverschmutzung, die kapitalistische Gier, immer mehr Geld zu verdienen, auch auf Kosten anderer.

Das Vaterunser erinnert uns daran, dass wir immer wieder schuldig werden. Es will uns befreien von dem »Entschuldigungstheater« (Venetz 80), an dem wir oft teilnehmen, wenn wir vor der Ungerechtigkeit in dieser Welt die Augen verschließen und wenn wir die Schuld allein auf die »Reichen« und »Mächtigen« abschieben.

Matthäus hat das Geheimnis der Vergebung im 18. Kapitel seines Evangeliums beschrieben. In diesem Kapitel – auch »Gemeinderegel« genannt – hat Matthäus Worte Jesu gesammelt, die das Leben in der Gemeinde regeln. Matthäus ist überzeugt, dass eine christliche Gemeinschaft nicht ohne Vergebung zusammenleben kann. Petrus fragt Jesus, wie oft er seinem Bruder vergeben solle. Und er meint, er wäre schon großzügig, wenn er siebenmal vergebe. Doch Jesus antwortet ihm: »Nicht siebenmal, sondern siebenundsiebzigmal.« (Mt 18,22) Diese Antwort bedeutet letztlich, immer zu vergeben, denn Siebenundsiebzig ist nach damaligem Verständnis eine unbegrenzte Zahl.

Und dann erzählt Jesus ein Gleichnis, in dem er die Forderung nach Vergebung unterstreicht: Einem Diener, der seinem Herrn zehntausend Talente schuldet, wird von seinem Herrn, der Mitleid mit ihm hat, die ganze Schuld erlassen. Doch als ein Mitknecht ihm 100 Denare schuldet, ist er nicht bereit zu vergeben. (Vgl. Mt 18,23–35) So sollen wir es nicht machen. Wenn wir anderen vergeben, sollen wir uns immer daran erinnern, dass uns Gott unendlich viel vergeben hat. Daher ist es nur legitim, dass wir dem anderen vergeben.

Die Deutung der Vergebungsbitte in der Bergpredigt

Matthäus interpretiert die Vergebungsbitte in der Bergpredigt: »Denn wenn ihr den Menschen ihre Verfehlungen vergebt, dann wird euer himmlischer Vater auch euch vergeben. Wenn ihr aber den Menschen nicht vergebt, dann wird euch euer Vater eure Verfehlungen auch nicht vergeben.« (Mt 6,14f)

Hier wird deutlich, dass das Beten nicht folgenlos bleibt. Es wird vielmehr an das Verhalten des Menschen gebunden: an seine Bereitschaft, dem Mitmenschen zu vergeben. Dass Matthäus unmittelbar nach dem Vaterunser die Vergebungsbitte erklärt, zeigt, wie wichtig ihm die Vergebung ist. Wir können nicht beten, ohne bereit zu sein, einander zu vergeben. Das hat Matthäus schon in den Antithesen deutlich zum Ausdruck gebracht. Jesus sagt dort: »Wenn du deine Opfergabe zum Altar bringst und dir dabei einfällt, dass dein Bruder etwas gegen dich hat, so lass deine Gabe dort vor dem Altar liegen; geh und versöhne dich zuerst mit deinem Bruder, dann komm und opfere deine Gabe.« (Mt 5,23f)

Beten und Gottesdienstfeiern verlangen als Voraussetzung die Vergebung und Versöhnung mit dem Bruder. Die Beziehung zu Gott ist an die Beziehung zum Bruder und zur Schwester gebunden. Matthäus bindet ausdrücklich Gottes Vergebung an unsere Vergebung. Wenn wir nicht bereit zur Vergebung sind, nützt das Vaterunser nicht. Er scheint sich damit selbst zu widersprechen. Im Gleichnis vom unbarmherzigen Gläubiger (vgl. Mt 18,23–35) folgt unsere Vergebung der uns von Gott zuteilgewordenen Vergebung. Man kann den Zusammenhang zwischen Gottes Vergebung und unserer menschlichen Vergebung offensichtlich von zwei Seiten aus betrachten. Die Spannung lässt sich nicht aufheben.

Die andere Deutung der Vergebungsbitte erkennen wir in den Worten Jesu: »Richtet nicht, damit ihr nicht gerichtet werdet! Denn wie ihr richtet, so werdet ihr gerichtet werden, und nach dem Maß, mit dem ihr messt und zuteilt, wird euch zugeteilt werden.« (Mt 7,1f) Und dann spricht Jesus von dem Splitter, den wir im Auge des Bruders sehen, während wir den Balken im eigenen Auge übersehen.

Vergebung würde verfälscht, wenn sie mit einem Urteilen und Verurteilen verbunden wäre. Wenn ich dem anderen vergebe und ihm zugleich vermittle, dass er eigentlich schuld sei, dann spiele ich mich als Gerechter und Großzügiger auf, der bereit ist, dem armen Sünder zu vergeben. Dann entsteht ein ungesundes Gefälle.

Vergeben wird beim anderen nur dann als heilend und befreiend ankommen, wenn ich mich nicht über ihn stelle. Dazu ist der Verzicht auf jedes Richten, Urteilen und Bewerten nötig. Das Richten bezieht sich nicht nur auf das Verhalten anderer, sondern zunächst einmal auch auf mich und mein Verhalten.

In der geistlichen Begleitung erfahre ich immer wieder, wie viele Menschen sich selbst ständig richten, bewerten und verurteilen. Ich komme auf meinem Weg zu Gott nur dann weiter, wenn ich darauf verzichte, mich selbst dauernd zu bewerten. Erst wenn ich alles an und in mir annehme, kann es sich wandeln. Wenn ich es verurteile, wird es sich in meinem Unbewussten verstecken und gerade dann in mir auftauchen, wenn ich nicht damit rechne. Was ich in mir abwerte, das bleibt an mir hängen. Nur wenn ich aufhöre, meine Emotionen und Leidenschaften zu bewerten, ermögliche ich dem, was mir so unangenehm erscheint, sich zu wandeln. Ich halte es Gott hin – und Gottes Geist kann es verwandeln.

Wenn ich mich nicht mehr bewerte, lerne ich allmählich, auch den anderen und sein Verhalten nicht zu bewerten. Ich nehme es, wie es ist. Ich versuche, den anderen zu verstehen. Ich sehe in seinem Verhalten die Sehnsucht nach Leben und Liebe. Dann erhebe ich mich in der Vergebung nicht über ihn, sondern ich lasse sein Verhalten bei ihm. Ich gebe es ihm zurück, ohne es zu bewerten. Ich verzichte auf die Vergeltung. Vergebung heißt: den anderen lassen, wie er ist. Er darf so sein.

Ich bete für ihn, dass er seinen Frieden findet. Aber ich stelle mich nicht über ihn, sondern fühle mit ihm in seiner Not und in seiner Sehnsucht, mit sich selbst in Einklang zu kommen.

Führe uns nicht in Versuchung

Mit der letzten Bitte des Vaterunsers tun sich viele Christen schwer. Sie rebellieren dagegen, dass Gott uns in Versuchung führen kann. Das widerspricht ihrem Gottesbild. Doch in der Bitte, dass Gott uns nicht in Versuchung führen möge, steckt nicht unbedingt die Überzeugung, dass Gott in Versuchung führt.

Der Jakobusbrief warnt seine Leser davor, die Versuchung Gott in die Schuhe schieben zu wollen: »Keiner, der in Versuchung gerät, soll sagen: Ich werde von Gott in Versuchung geführt. Denn Gott kann nicht in die Versuchung kommen, Böses zu tun, und er führt auch selbst niemand in Versuchung. Jeder wird von seiner eigenen Begierde, die ihn lockt und fängt, in Versuchung geführt.« (Jak 1,13f) Der Jakobusbrief rechnet demnach mit Versuchungen, die für uns zu Prüfungen werden und in denen wir uns bewähren können. Aber wir sollen diese Versuchung nicht Gott anlasten.

Wenn wir die Bitte Jesu im Vaterunser vor dem Hintergrund des Jakobusbriefs deuten, dann meint sie: Wir sollen Gott darum bitten, dass er uns beisteht. Er kann uns helfen, damit wir nicht von unseren eigenen Begierden und von unserer eigenen Bedürftigkeit in Versuchung geführt werden.

Seit jeher haben sich Theologen mit dem Wortlaut dieser Bitte schwergetan und haben daher auch andere Übersetzungsmöglichkeiten vorgeschlagen. In der frühen Kirche hat Origenes die letzte Vaterunser-Bitte so übersetzt: »Lass uns in der Versuchung nicht erliegen.« Dieser Übersetzung folgt die Kirche in Brasilien. Leonardo Boff legt seiner Auslegung des Vaterunsers diese offizielle portugiesische Übersetzung zugrunde. Der Kirchenvater Tertullian deutet diese Bitte so: »Führe uns nicht in Versuchung, das heißt, lass uns nicht in sie geführt werden durch den, der da versucht. Fern sei der Schein, als versuche der Herr!« (Zit. n.: Bader 46)

Der Heilige Augustinus versteht die Bitte so, dass wir Gottes Beistand erflehen, damit wir der Versuchung nicht zustimmen oder ihr nachgeben. Und er bittet Gott mit diesen Worten: »Du bist treu und wirst nicht zulassen, dass wir über unsere Kraft versucht werden.« (Zit. n.: Bader 49) Sicher meint Jesus mit dieser Vaterunser-Bitte nicht, dass uns Gott aktiv in Versuchung führt. Gott möge uns vielmehr vor dem Ort der Versuchung bewahren. Er soll uns nicht in die Versuchung geraten lassen.

Eine andere Frage ist, was unter Versuchung zu verstehen ist. Die frühen Mönche schätzen die Versuchung als Erprobung des Menschen: Wie der Sturm den Baum zwinge, seine Wurzeln immer tiefer in die Erde zu treiben, so stärke die Versuchung den Mönch in seinem Kampf um das Gute. Origenes sagt von der Versuchung: »Auch die Versuchung hat ihr Gutes. Niemand außer Gott weiß, was unsere Seele von Gott erhalten hat, nicht einmal wir. Aber die Versuchung bringt es an den Tag, um uns zu lehren, uns selbst zu erkennen und so unser Elend zu entdecken; und um uns zu verpflichten, für all das Gute zu danken, das die Versuchung uns aufgedeckt hat.« (Zit. n.: Bader 47)

Die Versuchung zeigt uns sowohl die Kraft, die Gott uns geschenkt hat, als auch unsere Gefährdung. Wir würden heute sagen: die Schattenseiten, die uns nach unten ziehen möchten.

Wir sollen der Versuchung ins Auge schauen. Origenes meint sogar, das ganze Leben des Menschen auf Erden sei eine Versuchung. »Deshalb wollen wir um Erlösung von der Versuchung bitten, nicht in dem Sinne, dass wir nicht versucht würden, denn dies ist für uns auf Erden nicht möglich, sondern in dem Sinne, dass wir der Versuchung nicht erliegen.« (Zit. n.: Bader 47)

Heute unterscheiden wir zwischen Versuchung und Anfechtung. Mit der Anfechtung sollen wir kämpfen, dann werden wir dadurch bewährter und stärker werden. Die Versuchung sollen wir lieber meiden, denn sie ist wie ein Sog, der uns nach unten zieht und uns verschlingen möchte.

Allerdings ist es heute nicht einfach, im Sinne Jesu von Versuchung zu sprechen. Denn Versuchung wird immer mehr trivialisiert. Die Werbung spricht etwa von der »lila Schokolade« als der süßesten Versuchung, die es gibt. Solche Kommerzialisierung biblischer Worte erschweren es uns, den Sinn der Vaterunser-Bitte richtig zu verstehen.

Die Deutung in der Bergpredigt

Wenn wir die letzte Vaterunser-Bitte durch die Bergpredigt selbst interpretieren, dann bieten sich die Verse des Matthäusevangeliums, Mt 7,13–23, als Deutungsmuster an. Zwei Bilder deuten dort an, wie wir die Versuchung verstehen sollen.

Das erste Bild ist das von den zwei Wegen: dem engen und dem breiten Weg. Die Versuchung würde dann darin bestehen, den breiten Weg zu gehen, der ins Verderben führt. Der breite Weg ist dabei der Weg, den alle gehen. Nur den anderen Menschen zu folgen – tun, was alle tun –, führt den Menschen ins Verderben. Jeder muss seinen eigenen Weg gehen.

Die Versuchung besteht darin, nicht selbst zu leben, sondern sich leben zu lassen. Die eigentliche Versuchung ist die Verweigerung des Lebens. Es ist viel bequemer, den anderen nachzulaufen. Dabei bleibt nichts anderes übrig, als die Anstrengung auf sich zu nehmen und den je ganz persönlichen Weg zum Leben und zu Gott zu suchen. Und nur dann gelingt das Leben, wenn wir unseren ureigenen Weg finden und gehen: den Weg, den Gott jedem Einzelnen von uns ganz persönlich zugedacht hat. Das andere Bild, das uns die Versuchung deutet, ist das von den falschen Propheten. Jesus warnt uns vor den falschen Propheten: »Sie kommen zu euch wie harmlose Schafe, in Wirklichkeit aber sind sie reißende Wölfe.« (Mt 7,15)

Die Versuchung wäre auf dem Hintergrund dieses Bildes die Verwirrung. Falsche Propheten verwirren uns. Sie reden fromme Worte und führen uns damit in die Irre.

Heute sprechen wir vom geistlichen Missbrauch. Dabei beziehe ich mich immer auf Worte der Bibel oder auf Worte der spirituellen Tradition und übe doch Macht über andere Menschen aus. Ich mache ihnen ein schlechtes Gewissen, wenn sie nicht dem folgen, was ich ihnen als den Willen Gottes verkünde. Der geistliche Missbrauch führt zur Gefühlsverwirrung. Vor dieser Verwirrung, in der ich überhaupt nicht mehr weiß, was gut und schlecht, was richtig und falsch ist, möge Gott uns bewahren.

Der evangelische Exeget Walter Grundmann meint, mit der Versuchung sei die Gefahr des Abfalls gemeint. Daher übersetzt er die letzte Bitte des Vaterunsers so: »Lass uns nicht hineingeraten in die Situation des Abfalls, sondern reiße uns von dem Bösen weg.« (Grundmann 203)

Gerade in unserer pluralistischen Gesellschaft heute, in der alle möglichen Heilswege angepriesen werden, ist die Bitte um Bewahrung vor der Versuchung höchst aktuell. Wir bitten in ihr Gott, dass er uns Klarheit schenken möge, wie unser Leben gelingt. Er möge uns helfen, die falschen Propheten zu erkennen, die uns – ähnlich wie zur Zeit Jesu – dort Heil zurufen, wo kein Heil ist, und die uns einreden, dass wir alles können, was wir wollen. Wir sollen uns von diesen vielen Verlockungen nicht verwirren lassen, sondern den klaren Weg zum Leben erkennen und gehen.

Die Versuchung Jesu

Auch die Vaterunser-Bitte, in der es um Bewahrtwerden vor der Versuchung geht, möchte uns in eine neue Beziehung zu Jesus Christus führen. Sie möchte uns verstehen lassen, wie Jesus der Versuchung des Satans, ihn auf einen falschen Weg zu führen, widerstand.

Alle drei ersten Evangelien berichten uns von der Versuchung Jesu. Markus berichtet nur von der Versuchung, ohne auf den Inhalt einzugehen. (Vgl. Mk 1,12–13) Doch seine Bemerkung, dass Jesus bei den wilden Tieren lebt und Engel ihm dienen, zeigt, worum es ihm in der Versuchung ging: Jesus wurde mit seiner wilden, tierischen und damit triebhaften Seite konfrontiert. Doch Engel dienen ihm. Die wilden

Tiere können ihm nichts anhaben. Jesus hat das Wilde als Kraft und Leidenschaft für Gott und für die Menschen in sich integriert.

Matthäus und Lukas berichten von drei Versuchungen Jesu. (Vgl. Mt 4,1–11; Lk 4,1–13) Sie sind typisch für jeden Menschen. Wir alle erleben auf unserem Weg der Menschwerdung diese Versuchungen, die uns auf einen falschen Weg drängen möchten. Jesus überwindet sie. Er zeigt sich als Sohn des Vaters. So geht es auch für uns darum, uns in den Versuchungen als Söhne und Töchter Gottes zu bewähren und Gott nicht für uns zu benutzen.

Die erste Versuchung besteht darin, aus Steinen Brot zu machen. Es ist die Versuchung, alles für uns nutzbar und konsumierbar zu machen. Alles muss uns dienen. Anstatt die Steine zu lassen, wie sie sind, sollen sie zu Brot werden, damit wir sie essen können.

Das bezieht sich nicht nur auf das Essen, sondern auch auf unsere Beziehungen: Auch diese sollen oft »etwas bringen«. Und das bezieht sich auf unsere Beziehung zu Gott: Wir möchten Gott für uns benutzen. Wir erwarten von ihm, dass er uns Wohlbefinden vermittle. Gott dient dann uns, anstatt dass wir ihm dienen.

Die erste Versuchung hat noch eine andere Bedeutung: Es gab in Israel heilige Steine. Das Heilige ist das uns Entzogene, das sich jeder Verzweckung entzieht. Aus den Steinen Brot zu machen bedeutet, alles Heilige für uns zu konsumieren: Es bleibt dann nicht heilig. Wir lassen die Dinge nicht, wie sie sind. Wir wollen alles für uns vereinnahmen. Jesus verweist in seiner Antwort auf den wahren Grund, aus dem wir leben: auf das Wort Gottes, das uns wahrhaft nährt. Über dieses Wort können wir nicht verfügen, sondern es spricht uns von außen an, damit wir ihm gehorchen.

Für den Teufel, der Jesus versucht, verwendet Matthäus immer das griechische Wort »diabolos«. Es meint den Verwirrer, der alles vermischt und durcheinanderwirft. Er vermischt das Heilige mit dem Konsumierbaren, das Gute mit dem Bösen. Er mischt seine unlauteren Absichten sogar in die heiligen Worte der Bibel. Er versucht Jesus mit Worten aus der Bibel, mit Worten, die heilig sind. In seinem Mund werden sie unheilig und zur Verführung. Jesus schleudert dem Satan immer auch ein Wort der Heiligen Schrift entgegen. Er durchschaut seine Absicht, die Worte Gottes falsch zu deuten. In seiner Antwort zeigt er auf, was Gott in den Worten der Bibel eigentlich gemeint hat.

In der zweiten Versuchung versucht der Teufel Jesus mit dem Hinweis auf das Psalmwort: »Seinen Engeln befiehlt er, dich auf ihren Händen zu tragen.« (Ps 91,11) Dies ist ein wunderbares Trostwort. Doch der Teufel benutzt es, um Jesus dazu zu bewegen, sich von der Zinne des Tempels zu stürzen. Jesus soll die Verheißung Gottes missbrauchen, um sich so als Wundertäter zu zeigen.

Es ist die Versuchung, den spirituellen Weg zu gehen, um sich selbst interessant zu machen und sich über die anderen zu stellen. Diese Versuchung ist heute höchst aktuell. Ich begegne in Gesprächen immer wieder Menschen, die ihre Spiritualität dazu missbrauchen, ihr eigenes Ego aufzublähen, sich besser als die anderen zu fühlen und auf diese herabschauen. Ihre Spiritualität ist ein narzisstisches Kreisen um sich selbst, mit dem sie das Interesse der Menschen auf sich ziehen wollen. Jesus kontert dem Teufel in allen drei Versuchungen mit Worten aus dem Buch Deuteronomium, das den Willen Gottes für das Volk Israel neu auslegt. Er zeigt damit, dass er Gott nicht für sich benutzen will. Er ist bereit, den Willen Gottes zu erfüllen und sich ganz und gar auf Gott einzulassen. Jetzt zitiert er das Wort: »Du sollst den Herrn, deinen Gott, nicht auf die Probe stellen.« (Mt 4,7; Dtn 6,16) Wir sollen Gott nicht prüfen, indem wir ihn in unsere eigenen Vorstellungen pressen. Wir sollen Gott Gott sein lassen und ihm dienen.

Die dritte Versuchung ist die Versuchung der Macht und des Besitzes. Der Teufel ist bereit, Jesus alle Reiche der Welt zu geben, wenn er ihn anbetet. Dieses Motiv des Teufelpaktes kennen wir aus vielen Märchen. Dort verspricht der Teufel, dass er alle Wünsche erfüllt, dass wir unsere Machtfantasien ausleben dürfen und allen Reichtum besitzen, den wir begehren. Doch die Bedingung dafür ist, dass wir den Teufel anbeten: dass wir Gott aus unserem Leben verdrängen und wir uns vor einem Götzen niederwerfen. Doch die Märchen zeigen uns, dass das nicht gut ausgeht. Der Preis dafür ist zu hoch. Es ist der Preis der Liebe.

Dies hat Thomas Mann in seinem Roman Doktor Faustus beschrieben. Dort schließt der Tonkünstler Adrian Leverkühn mit dem Teufel einen Pakt. Der Teufel ermöglicht ihm, immer geniale Musik zu komponieren und zu spielen. Aber der Preis besteht im Verlust der Liebesfähigkeit. Leverkühn darf nie mehr Liebe spüren und nie mehr menschliche Wärme empfinden.

Wer statt Gott einen Götzen anbetet, der verliert sein Menschsein, dem erkaltet und vertrocknet das Herz. Wir denken vielleicht, dass wir weit davon entfernt sind, mit dem Teufel einen Pakt zu schließen. Aber wie groß ist auch für uns die Faszination der Macht und des Geldes? Sie kann uns dazu verleiten, über unsere inneren Impulse hinwegzugehen und uns der Macht dieser Faszination auszuliefern. Dann geraten wir in den »Teufelskreis«, immer mehr zu wollen, und wir verlieren unsere Menschlichkeit.

Jesus weist den Satan mit dem Wort ab: »Weg mit dir Satan. Denn in der Schrift steht: Vor dem Herrn, deinem Gott, sollst du dich niederwerfen und ihm allein dienen.« (Mt 4,10; Dtn 5,9; 6,13) Nur wenn wir vor Gott niederfallen, werden wir wahrhaft Mensch, erweisen wir uns als wahre Söhne und wahre Töchter Gottes.

Weil Jesus selbst versucht worden ist, kann er uns in unserer Versuchung beistehen: »Da er selbst in Versuchung geführt wurde und gelitten hat, kann er auch denen helfen, die in Versuchung geführt werden.« (Hebr 2,18)

So erfahren wir gerade in der Versuchung eine besondere Nähe zu Jesus: Jesus ist bei uns in unserer Versuchung. Er versteht uns und er hilft uns, damit wir der Versuchung nicht erliegen. Gerade der Blick auf Jesus, der durch seine Versuchungen unverletzt hindurchgegangen ist, hilft uns, uns selbst nicht aufzugeben, wenn wir versucht werden, sondern im Vertrauen auf seine Nähe zu widerstehen. In der letzten Vaterunser-Bitte beten wir darum, dass Gott uns in der Versuchung nicht fallen lasse, sondern dass er uns in der Versuchung die Gemeinschaft mit seinem Sohn Jesus Christus schenke, damit wir gemeinsam mit ihm die Versuchungen überwinden, denen wir immer wieder ausgesetzt sind.

Erlöse uns vom Bösen

Die letzte Vaterunser-Bitte hat einen zweiten Halbsatz. Augustinus hat diesen als eigene Bitte verstanden. Somit kam er auf sieben Vaterunser-Bitten. Das ist bei ihm sicher auch symbolisch gemeint. Sieben ist die Zahl der Verwandlung. Durch das Vaterunser mögen wir immer mehr in die Gestalt Jesu verwandelt und von seinem Geist erfüllt werden.

Augustinus bezieht sich in seiner Deutung auf die lateinische Version des Vaterunsers: »Libera nos a malo.« – »Erlöse uns, befreie uns von dem Übel.« »Malum« kann auch das Böse bedeuten. Aber in der lateinischen Tradition steht es für all die Übel, die uns in dieser Welt begegnen. Dazu sagt Augustinus: »Wenn wir sprechen: ›Erlöse uns von dem Übel‹, rufen wir uns in Erinnerung, dass wir jenes Ziel noch nicht erreicht haben, wo es kein Übel mehr geben wird. Dieser Schluss des Herrengebetes ist so tief, dass der Christ bei jedem Anliegen in diesen Worten seine tiefste Not ausspricht und seine Tränen vergießt. Von diesem Gedanken geht sein Gebet aus, bei ihm verweilt es, in ihm endet es.« (Zit. n.: Bader 51)

Das Vaterunser ist für Augustinus ein sehr emotionales Gebet. Wir denken an all das Böse und Üble, das uns in der Welt begegnet, und wenden uns voller Tränen und voller Sehnsucht an Gott. Er möge uns von der bösen Welt befreien und schütze uns in der Welt durch seine Liebe.

Die Exegeten haben darüber diskutiert, was mit dem Bösen gemeint ist: der Teufel oder allgemein das Böse. Heute plädieren die meisten Exegeten dafür, das Böse allgemein zu verstehen: böse Gedanken, in die Irre führende Begegnungen, sinnlose Leiden, Drangsale, böse Menschen und der böse Trieb.

Ganz gleich, ob wir das Böse oder den Bösen meinen – das Böse ist in der Welt. Und es ist nicht so harmlos, dass wir es nur auf böse Gedanken beschränken könnten. Es hat eine Tiefendimension. Diese Tiefendimension des Bösen hat die Bibel im Blick, wenn sie vom Satan oder Teufel spricht. Der Teufel – so sagt uns die Theologie – ist keine Person, sondern eine personale Macht, also eine Macht, die unser Personsein schädigen oder gar zerstören möchte.

Das Böse begegnet uns auch in unserem eigenen Innern. Unser Denken ist vom Bösen gleichsam infiziert. Wir werden in eine Welt hineingeboren, in der das Böse manchmal wie ein Sog ist, der uns mitreißt.

Die Befreiungstheologie sieht das Böse in den Strukturen dieser Welt. Ungerechte Strukturen verfestigen das Böse. So gibt es Strukturen des Bösen, die den Einzelnen beherrschen und bestimmen. »Die bösen Taten sind Ausdruck schon bestehender Strukturen und Konstellationen.« (Boff 178)

Die Psychologie bestätigt uns die Macht des Bösen. Das Böse hat sich oft so tief ins Unbewusste eingeprägt, dass wir uns kaum davon distanzieren können. Es ist oft eine Macht, die unser Denken bestimmt. Oft rührt das Böse aus den Verletzungen der Kindheit. Weil wir keine Möglichkeit finden, diese Verletzungen aufzuarbeiten und zu heilen, agieren wir sie aus. Wir verletzen dabei andere. Wir geben die Gewalt, die wir erfahren haben, an andere weiter.

Albert Görres, der Münchner Psychiater, spricht in diesem Zusammenhang davon, dass wir die Rechnungen bei den falschen Schuldnern begleichen würden. Wir behandelten die böse, die gar nichts mit dem Bösen zu tun hätten, das uns widerfahren sei. So breite sich das Böse immer mehr in der Welt aus.

Im Vaterunser bitten wir darum, dass Gott uns vom Bösen erlöse. Der griechische Originaltext meint: Reiße uns weg vom Bösen, entreiße uns dem Bösen. Das Lateinische hat hier mit »libera« übersetzt: Befreie uns vom Bösen, mach uns von den Stricken des Bösen frei. Bei dieser Bitte sollen wir an die persönlichen Verwicklungen in das Böse denken, aber auch an die Strukturen des Bösen. Gott möge die Macht des Bösen brechen, die uns unterdrückt und unserem Menschsein schadet.

Die letzte Bitte des Vaterunsers sieht die Welt realistisch. In ihr begegnen wir dem Bösen. Und das Böse ist eine Realität, mit der wir in der Welt und in unserem Leben rechnen müssen. So beten wir in der letzten Vaterunser-Bitte, Gott möge uns vor der Macht des Bösen erretten und bewahren: Dann können wir das Bild in uns zur Geltung bringen, das Gott sich von jedem von uns gemacht hat. Wir stehen in dieser Bitte zu unserer Angst, unsere Kräfte könnten in der Versuchung oder vom Bösen überfordert werden. Aber wir halten unsere Angst vertrauensvoll Gott, unserem Vater, hin, damit er uns in den Turbulenzen und Gefährdungen unseres Lebens in seiner Liebe bewahren möge.

Das Gebet des Vaterunsers selbst soll ein Schutzraum sein, das uns vor der Macht des Bösen schützt. Die Kirchenväter haben die letzte Bitte auf Jesus Christus bezogen. Sie möge uns näher zu Christus führen, der uns in der Versuchung beisteht und uns von allem Bösen erlöst. So sagt Petrus Chrysologus: »Die Versuchungen stammen vom Teufel, der Ursache und Quelle jedes Bösen ... Der Mensch soll also zu Gott flehen und beten: ›Erlöse uns von dem Bösen‹, damit wir endlich durch Christus, den einzigen Sieger, vom Bösen befreit werden.« (Zit. n.: Bader 51)

Die Anleitung zum Beten im Lukasevangelium

Die Fassung des Vaterunsers, die uns der Evangelist Matthäus überliefert, hat sich in der Tradition der Kirche und im liturgischen Gebrauch durchgesetzt. Die andere Textfassung, die uns beim Evangelisten Lukas begegnet, habe ich schon bei der Auslegung berücksichtigt.

Wie kein anderer Evangelist hat Lukas das Gebet in das Zentrum seines Evangeliums gestellt. Zum einen hat er Jesus als den Beter dargestellt und zum anderen hat er in zwei Kapiteln eine eigene Gebetsunterweisung gegeben. Dabei geht es ihm vor allem um die Haltung, in der der Christ beten soll.

Das Gebet ist für Lukas der Ort, an dem wir Jesus Christus begegnen und ihn verstehen können. Denn das Wesen Jesu und seine Haltung zum Vater werden gerade in seinem Beten sichtbar. Indem wir von ihm beten lernen, erkennen wir, wer Jesus Christus für uns ist. Und zugleich ist das Beten der Weg, Jesus Christus immer ähnlicher zu werden und so eine neue Beziehung zu Gott zu erlangen. Das Gebet ist der Ort, an dem der Geist Jesu uns heute berührt und unsere Wunden heilt.

Jesus als Beter

Kein Evangelist berichtet uns so viele Szenen, in denen wir Jesus als dem Beter begegnen. Für Lukas ist Jesus der große Beter: Er betet bei den wichtigsten Ereignissen seines Lebens. Er betet vor Entscheidungen. Immer wieder zieht sich Jesus an einsame Orte zurück, um zu seinem Vater zu beten.

Wenn Lukas von Jesus als dem Beter berichtet, dann hat er immer schon den gläubigen Christen im Auge. Für ihn ist das Gebet vor allem ein Weg, die Bedrängnisse des Lebens zu bestehen. Wie Jesus betend seine Passion bewältigt, so soll sich der Christ im Gebet an Gott festhalten, um so durch alle Bedrängnisse hindurch zur Herrlichkeit zu gelangen. Das Gebet ist der Weg, sich in die Haltung Jesu einzuüben und von seinem Geist durchdrungen zu werden.

Wenn ich nun anhand des Lukasevangeliums die wichtigsten Situationen beschreibe, in denen Jesus betet, dann ahnen wir etwas von der »Gebetsschule«, in die uns Jesus hineinnimmt. Jesus lehrt uns durch sein Vorbild, wie wir beten sollen. Doch Lukas will mit den Gebetsszenen auch aufzeigen, welche Wirkung das Gebet haben kann. Lukas gilt als Maler. Mit seinen Worten entwirft er gleichsam Bilder. Seine Erzählungen über die Gebete Jesu sind Bilder für das, was auch für uns im Gebet geschehen könnte.

Nur Lukas erzählt uns, dass Jesus bei seiner Taufe betete: »Während er betete, öffnete sich der Himmel, und der Heilige Geist kam sichtbar in Gestalt einer Taube auf ihn herab, und eine Stimme aus dem Himmel sprach: Du bist mein geliebter Sohn, an dir habe ich Gefallen gefunden.« (Lk 3,21f) Dies ist ein schönes Bild für die Wirkung des Gebetes. Wenn wir beten, öffnet sich über uns der Himmel. Im Gebet kommt der Heilige Geist auf uns herab und stärkt uns für unsere Aufgabe. Und wir erfahren im Gebet, dass wir von Gott bedingungslos geliebt sind. Im Gebet erkennen wir, wer wir eigentlich sind. Im Gebet erfahren wir uns als Gottes geliebte Söhne und Töchter. Wir erfahren die Zusage, dass Gott uns bedingungslos liebt.

Als Jesus den Aussätzigen heilte und die Menschen von überall herbeiströmten, zog er »sich an einen einsamen Ort zurück, um zu beten« (Lk 5,16).

Das Gebet ist auch ein Schutzraum, in den wir uns zurückziehen dürfen, um vor dem Lärm der Welt und vor den Erwartungen der Menschen geschützt zu sein. Wie Jesus sollen wir uns das Gebet als einen einsamen Ort gönnen, an dem wir allein mit Gott sind. Das Gebet befreit uns vom Druck, immer für andere da und tätig sein zu müssen. Es zeigt uns, wo wir geben und wo wir nehmen sollen. Im Gebet nehmen wir uns Zeit, um in der Begegnung mit Gott wieder mit uns selbst in Berührung zu kommen. Ohne Beten sind wir in Gefahr, uns immer mehr zu verausgaben.

Bevor Jesus aus seinen Jüngern zwölf Apostel auswählte, »ging er auf einen Berg, um zu beten. Und er verbrachte die ganze Nacht im Gebet zu Gott« (Lk 6,12).

Das Gebet befähigt uns zu guten Entscheidungen. Vor wichtigen Situationen, Gesprächen oder Entscheidungen könnte uns das Gebet helfen, zur Ruhe zu finden und klarer zu sehen. Im Gebet sehen wir Entscheidungen in einem größeren Kontext. Wir halten sie Gott hin und trauen dem eigenen

Gefühl, das im Gebet in uns auftaucht: dem Gefühl von Ruhe und Stimmigkeit.

Vor dem Messiasbekenntnis des Petrus betet Jesus in der Einsamkeit. (Vgl. Lk 9,18) Erst nach dem Gebet stellt er den Jüngern die entscheidende Frage, für wen sie ihn denn halten würden. Im Gebet kommen wir an die Fragen heran, auf die alles ankommt. Aber das Gebet ist für Jesus auch eine gute Vorbereitung, um dann seine Jünger in das Geheimnis seines Leidens und ihres Weges der Kreuzesnachfolge einzuweisen. Nach dem Gebet weist er sie in das Geheimnis seiner Nachfolge ein: Wer sein Jünger sein will, der soll sich selbst verleugnen und täglich sein Kreuz auf sich nehmen.

Nur Lukas erzählt vom Gebet Jesu bei seiner Verklärung. »Während er betete, veränderte sich das Aussehen seines Gesichtes, und sein Gewand wurde leuchtend weiß.« (Lk 9,29) Im Gebet kommen wir in Berührung mit unserem wahren Wesen und alles Oberflächliche fällt ab. Die Masken zerbrechen, hinter denen wir uns verstecken. Verklärung heißt, dass das Eigentliche durchscheint: unsere ursprüngliche Schönheit. Der Glanz Gottes, der in uns ist, strahlt dann aus unserem Gesicht. Wir erkennen, dass wir die Herrlichkeit Gottes sind.

Als Jesus verklärt wurde, tauchen Mose und Elija auf. Mose ist der Gesetzgeber und der Befreier: Wenn wir beten, kommt unser Leben in Ordnung und wir erfahren in Gott wahre Freiheit. Was die Menschen von uns halten, wird unwichtig. Elija ist der Prophet: Im Gebet entdecken wir unsere prophetische Sendung. Wir erahnen, dass wir mit unserem Leben etwas ausdrücken können, was nur durch uns in dieser Welt sichtbar werden kann. Im Gebet – so sagt uns die Erzählung von der Verklärung Jesu – kommen wir in Berührung mit unserem wahren Selbst, Gottes Herrlichkeit leuchtet in uns auf.

Allerdings lässt sich diese Gebetserfahrung nicht festhalten. Sie entschwindet uns immer wieder. Eine Wolke verdunkelt unseren Blick und wir müssen allein mit der Erinnerung an diese Lichterfahrung zurück in das oft genug neblige Tal unseres Alltags.

Den Höhepunkt von Jesu Beten schildert uns Lukas in der Passion. Als Jesus am Ölberg betet und mit dem Willen Gottes ringt, erscheint ihm ein Engel vom Himmel und stärkt ihn. Beten ist nicht immer nur Erfahrung von Frieden. Es kann auch ein schmerzliches Ringen um den Willen Gottes sein. Aber Gott schickt dem Beter seinen Engel, um ihm neue Kraft zu geben. Der Engel bewahrt Jesus nicht vor der Angst. Jesus gerät vielmehr in Todesangst. Er schwitzt vor Angst. Aber gerade darin betet er noch inständiger. (Vgl. Lk 22,44)

Diese Szene des Gebetes am Ölberg erzählt Lukas auf dem Hintergrund der Not, die viele heute wie damals mit dem Gebet haben. Im Gebet erleben wir oft Dunkelheit. Wir haben den Eindruck, als ob unser Beten ins Leere gehe. Es scheint nichts zu nützen. Gott scheint sich hinter einer dicken Mauer zu verbergen und zu schweigen. Weil wir nicht zu Gott vordringen, geht es uns oft genug wie den Jüngern. Wir schlafen ein und unser Gebet schläft ein. Und Jesus muss uns wachrütteln: »Steht auf und betet, damit ihr nicht in Versuchung geratet.« (Lk 22,46)

Wir werden wie Jesus in die gleichen Bedrängnisse geraten: in Einsamkeit, Angst, Verlassenheit, in Not und Leid. Das Gebet ist für uns der Weg, wie Jesus die Versuchungen zu bestehen und auch in der höchsten Bedrängnis an Gott festzuhalten.

Das Gebet am Ölberg gibt Jesus offensichtlich die Kraft, den Weg der Passion durchzustehen. Es schenkt ihm das Vertrauen, dass er auch im Tod nicht aus Gottes guter Hand fallen kann. Jesu Gebet gipfelt in seinem Beten am Kreuz. Am Kreuz hängend betet Jesus nicht nur für sich, sondern auch für seine Mörder: »Vater, vergib ihnen, denn sie wissen nicht, was sie tun.« (Lk 23,34) Wenn wir für die Menschen beten, die uns verletzt haben, müssen wir uns nicht zur Vergebung zwingen. Doch wenn wir für sie beten, dann wächst in uns wie von selbst die Haltung der Vergebung. Wir halten den anderen in Gottes Barmherzigkeit hinein und können ihm auf diese Weise anders begegnen.

Jesus stirbt mit einem Gebetswort auf den Lippen. Es ist ein Vers aus Psalm 31, dem jüdischen Abendgebet. Zur gleichen Zeit, in der die frommen Juden mit dem Psalm 31 beten »In deine Hände lege ich meinen Geist«, betet Jesus am Kreuz dieselben Worte. Aber Jesus fügt in den Psalmvers das Wort »Vater« ein. (Vgl. Lk 23,46) Er spricht selbst im Sterben den Vater als den lieben und zärtlichen Vater an. In die liebenden Hände seines Vaters legt er seinen Geist. Im Tod kehrt er zum Vater zurück. Das Beten verklärt sein Sterben.

Trotz aller erfahrenen Grausamkeit hält Jesus das Gebet durch und bleibt so mitten in seiner größten Not in Beziehung zu Gott. Ja, die Beziehung zu Gott befreit ihn von der Macht der Menschen. Selbst seine Mörder können nicht über ihn triumphieren. Das Gebet hebt ihn in eine andere Welt hinauf, in die die Schreie seiner Henker nicht dringen können.

Das Gebet begleitet Jesus von Beginn seines Wirkens an bis zu seinem Ende am Kreuz. Es zeigt, wo Jesus seinen wahren Halt findet. Und es offenbart, dass Jesus aus der Kraft des Gebetes seinen Weg auch durch die größte Bedrängnis des Todes hindurch gehen kann, weil über allem Leid der Himmel offen steht und er sich mit dem Vater eins weiß.

Auch unser Beten gipfelt letztlich in der Ergebung in Gottes liebende Hände. Jeden Abend lassen wir uns in Gottes gute Hände fallen und üben so unser Sterben ein. Im Tod werden wir nicht in ein grausames Dunkel hinein sterben, sondern in die liebenden Arme Gottes fallen. Das Gebet ist die Einübung, uns immer wieder in Gottes Hand zu bergen – auch in der Einsamkeit und Not und gerade auch im Sterben. Mit dem Vers »Vater, in deine Hände lege ich meinen Geist« schildert Lukas, was die Vaterunser-Bitte »Dein Wille geschehe« bei Matthäus letztlich bedeutet. Für Lukas hat die Ergebung in den Willen Gottes etwas Zärtliches: Ich vertraue mich den guten Händen Gottes an. Ich glaube, dass ich in Gottes zärtlichen Händen geschützt, getragen und geborgen bin. Die Gebetsschule, in die uns Jesus im Lukasevangelium mit hineinnimmt, ist eine Schule des Vorbilds. Im Beten Jesu können wir lernen, vertrauensvoll wie er zum Vater zu beten.

Doch Lukas stellt auch in zwei eigenen Kapiteln Worte und Gleichnisse Jesu zusammen, in denen uns Jesus zeigt, in welcher Haltung wir beten sollen. Zu Beginn des Reiseberichtes, in dem Lukas Jesus als Wanderer beschreibt, zeigt uns Jesus in den Worten von Gott als Freund und Vater, dass wir voller Vertrauen beten sollen. (Vgl. Lk 11,1–13) Und am Ende der Wanderung, kurz vor seiner Passion, erzählt uns Jesus in zwei

Gleichnissen, wie Beten gelingt und misslingt. Er zeigt Beten als Weg, durch den wir in den Bedrängnissen unseres Lebens immer wieder Vertrauen schöpfen und Hilfe erfahren können. (Vgl. Lk 18,1–8; 18,9–14)

Vertrauensvolles Beten zu Gott als Freund und Vater

Unmittelbar nachdem Jesus die Bitte der Jünger (»Herr, lehre uns beten«) mit dem Vorbeten des Vaterunsers erfüllt hat, erzählt er ihnen zwei Gleichnisse. In beiden Gleichnissen geht es um das Vertrauen, mit dem die Jünger die Worte des Gebetes des Herrn sprechen sollen.

Die Parabel vom bittenden Freund (Lk 11,5–8) hat ein palästinisches Dorf vor Augen, in dem es keine Läden gibt. Jedes Haus stellt dort die notwendige Nahrung selbst her. In diesem Dorf hat ein Mann mitten in der Nacht Besuch bekommen und kann diesem nichts anbieten. Das ist ihm peinlich. Denn Gastfreundschaft ist im Orient ein hohes Gut. So geht er zu seinem Freund und pocht an die Tür. Er weiß, welche Schwierigkeiten er dem Freund bereitet. Denn der muss aufstehen und die mit einem Balken gesicherte Tür öffnen. Vom Lärm, den er beim Wegziehen des Balkens macht, werden die Kinder aufwachen. Doch Gastfreundschaft ist heilige Pflicht. So wird der andere aufstehen und dem bittenden Freund alles geben, was er braucht.

Jesus will uns mit diesem Gleichnis sagen, dass Gott unser Freund ist. Und Lukas deutet dieses Gleichnis im Sinn der griechischen Philosophie: Wir Christen sind Gottes Freunde. (Vgl. Grundmann 234)

Beten heißt, zu Gott wie zu einem Freund sprechen. Wir dürfen Gott so unverschämt bitten wie einen Freund. Er wird uns nicht abweisen. Denn die Freundschaft zwischen Gott und uns ist noch viel fester als die zwischen Menschen. Das Geheimnis von Freundschaft wird erst offenbar, wenn wir im

Gebet Gott als unseren Freund erfahren, der uns gibt, was wir zum Leben und zur Liebe brauchen.

Jesus verdeutlicht dieses unbedingte Vertrauen, das wir zu Gott haben dürfen, im Lukasevangelium mit den Worten: »Bittet, so wird euch gegeben werden; suchet, so werdet ihr finden; klopfet an, so wird euch aufgetan werden. Denn wer bittet, empfängt; wer sucht, der findet; und wer anklopft, dem wird geöffnet.« (Lk 11,9f)

Mit diesen kurzen und prägnanten Worten lädt uns Jesus ein, auch in aussichtslosen Situationen zu bitten, zu suchen und bei Gott »anzuklopfen«. Gott wird uns sein Herz öffnen. Er wird uns geben, was wir brauchen. Manchmal wird die Gabe Gottes vielleicht anders aussehen, als wir sie uns vorgestellt haben. Aber keine Bitte ist umsonst. Sie verstärkt die Beziehung zu Gott als unserem Freund. Und Gott wird uns letztlich immer das geben, was wir in der Tiefe unseres Herzens zum Leben brauchen.

Nach dieser Aufforderung zum vertrauensvollen Beten stellt Jesus die Frage, wie sich denn ein menschlicher Vater zu seinem Sohn verhalten würde: »Welchen Vater unter euch wird ein Sohn um ein Brot bitten – er wird ihm doch nicht einen Stein reichen? Oder um einen Fisch – er wird ihm doch nicht statt des Fisches eine Schlange reichen? Oder um ein Ei bitten – er wird ihm doch nicht einen Skorpion reichen? Wenn nun ihr, die ihr böse seid, es versteht, euren Kindern gute Gaben zu geben, wie viel mehr wird der Vater vom Himmel her denen, die ihn bitten, heiligen Geist geben!« (Lk 11,11–13, zit. n.: Bovon 145; in der »Einheitsübersetzung« ist die Brot-Bitte weggelassen)

In diesen drei Beispielen erläutert Jesus, was es heißt, Gott zum Vater zu haben. Jeder Vater weiß, was für seine Kinder gut ist. Auch wenn Kinder oft genug böse sind, so kann ihnen gegenüber doch kaum ein Vater wirklich hart sein. In seinem Herzen weiß er außerdem genau, was gut für seine Kinder ist. Er wird ihnen nicht anstelle eines Brotes einen Stein oder eine Schlange statt eines Fisches oder einen Skorpion statt eines Eies geben. Jesus spricht hier das Ehrgefühl der Menschen an. »Dem Leser und der Leserin dreht sich das Herz im Leib um bei diesen Beispielen, die einem Vater zugeschrieben werden.« (Bovon II 155)

Gott ist unser guter Vater. Er weiß, was uns guttut. Er wird uns nicht enttäuschen und uns nichts geben, was uns schaden könnte. Er schenkt uns das, was uns nährt. Augustinus deutet die drei Gaben symbolisch. Das Brot bedeute die Liebe, der Fisch den Glauben und das Ei die Hoffnung.

Ein guter Vater gibt seinem Sohn nicht anstelle des Brotes der Liebe den Stein der Härte und Abweisung. Er glaubt an den Sohn und verletzt ihn nicht durch eine Schlange. Und er schenkt ihm Hoffnung und wird ihn nicht durch einen Skorpion mit Bitterkeit oder mit Schuldgefühlen vergiften. Gott ist der gute Vater, der uns die beste Gabe schenkt, die er zu geben hat: den Heiligen Geist. Im Heiligen Geist schenkt er sich uns selbst und ist er uns nahe.

Der Heilige Geist heilt unsere Vaterwunden, wenn der eigene Vater uns doch den Stein, die Schlange oder einen Skorpion gereicht und uns damit tief verletzt hat. Das Gebet ist für Lukas der Ort, an dem wir die Heilung unserer Vater- und Mutterwunden erfahren dürfen. Und zugleich zeigt uns Lukas, was es heißt, zu Gott als unserem Vater zu beten. Dieser Vater wird uns gut behandeln. Er wird uns das geben, was wir zum Leben brauchen: Glauben, Hoffnung und Liebe. Im Heiligen Geist gibt er uns alles, was uns zum Leben dient.

Der Heilige Geist, den der Vater uns geben wird, wenn wir gemeinsam mit seinem Sohn zu ihm beten, macht noch einen anderen Unterschied zum Matthäusevangelium deutlich. Bei Matthäus war Jesus der Ausleger des göttlichen Gesetzes. Daher bitten wir dort im Vaterunser, dass Gottes Wille auch in unserem Verhalten geschehe. Wenn wir die Bergpredigt erfüllen, dann geschieht auf Erden Gottes Wille in uns und durch uns.

Lukas hat eine andere Theologie. Jesus sendet uns nach seiner Auferstehung den Heiligen Geist. Und in der Kraft des Heiligen Geistes vermögen nun die Jünger das Gleiche wie Jesus zu tun. Stephanus wird wie Jesus seinen Mördern vergeben. Petrus und Johannes werden in der Kraft Jesu den Gelähmten heilen. Und Paulus wird wie Jesus voll Vertrauen durch das Leiden gehen, das ihm auferlegt wird.

Im Gebet werden wir vom Geist Jesu erfüllt. Und in der Kraft dieses Geistes werden wir fähig, Jesus nachzufolgen und wie Jesus Kranke zu heilen, den Menschen, die uns verletzen, zu vergeben und durch die Bedrängnisse, die uns hier erwarten, in die Herrlichkeit Gottes einzugehen. Der Heilige Geist bewahrt uns davor, durch die Widerfahrnisse der Welt zerbrochen zu werden. So werden wir nur aufgebrochen für das ursprüngliche und unverfälschte Bild, das Gott sich von uns als seinen Kindern gemacht hat.

Beten aus der Bedrängnis heraus

Lukas nimmt im 18. Kapitel seines Evangeliums nochmals seine Unterweisung im rechten Beten auf, indem er zwei Gleichnisse erzählt: das Gleichnis von der Witwe und dem ungerechten Richter, und das Gleichnis des Zöllners, der im Tempel auf richtige Weise betet.

Im elften Kapitel seines Evangeliums hat Lukas das Gebet als Erfüllung der Gottesliebe verstanden. Daher hat er seine Gebetslehre unmittelbar nach der Geschichte von Marta und Maria entfaltet. Im Beten werden wir zur Maria, die sich Jesus zu Füßen setzt und sich von ihm in das Geheimnis der Kontemplation und in die Kunst des richtigen Betens einweisen lässt. Im 18. Kapitel hat Jesus nun die Bedrängnis der Menschen vor Augen. Mitten in den Konflikten unseres Alltags sollen wir vertrauensvoll zu Gott beten. Gott ist der, der uns beisteht, auch wenn die Menschen uns allein lassen.

Die Frau, die als Witwe von einem Feind bedrängt wird (vgl. Lk 18,1–8), steht für die bedrohte christliche Gemeinde am Ende des ersten Jahrhunderts, die sich vergeblich an die staatliche Autorität wendet. Der Richter, an den sich die Witwe wendet, fürchtet Gott nicht und nimmt auf keinen Menschen Rücksicht.

Am Ende des ersten Jahrhunderts gab es zwar noch keine allgemeinen Verfolgungen, aber den Christen wehte ein scharfer Wind ins Gesicht. Die Behörden schützten sie nicht vor feindlichen Attacken. Ja, sie arbeiteten oft gegen sie. In dieser Situation solle die Gemeinde – so Lukas – zum Gebet Zuflucht nehmen. Dann könne sie Recht auf Leben erfahren. In diesem Sinn ist das Gleichnis auch heute aktuell. Denn auch uns Christen begegnet die Welt oft feindlich. Die Medien suchen sich oft die negativen Seiten der Kirche heraus oder greifen die Kirche gerne an. Statt zu meinen, sich in solchen Fällen immer rechtfertigen zu müssen, soll die Kirche auch heute im Gebet ihre wahre Identität erfahren. Dann verlieren diese oder ähnliche Angriffe ihre Macht. Sie können die Identität der Christen nicht mehr erschüttern.

Die Witwe, die sich an den Richter wendet, kann aber auch als Typos für den einzelnen Menschen verstanden werden. Dann steht sie für die persönliche Situation von Menschen, die von Feinden bedrängt werden, die von anderen verletzt werden und sich nicht dagegen wehren können. Die Frau, die den Mann verloren hat, ist Bild für Menschen, die eine »dünne Haut« haben und die so schutzlos den Emotionen ihrer Umgebung ausgesetzt sind. Sie haben kein Schutzschild. Alles Negative ihrer Umwelt dringt in sie ein.

Auch diese zweite Deutung ist hilfreich. Gerade Menschen, die sich von anderen verletzt oder verfolgt fühlen, können im Gebet Zuflucht finden. In der Nähe Gottes erfahren sie Recht auf Leben. Und im Gebet entdecken sie in sich selbst den Ort, an dem Gott in ihnen wohnt. Dort kann niemand sie verletzen. Dort können sie aufleben.

Eine weitere Möglichkeit, dieses Gleichnis zu deuten, nennen die Psychologen die Deutung auf der Subjektstufe. So wie wir die Träume auf der Subjektstufe deuten, so können wir auch die Gleichnisse auf der Subjektstufe verstehen. Das heißt: Alle Personen sind Bilder für die verschiedenen Bereiche in uns selbst.

Die Frau ist dann ein Bild für die Seele, für den inneren Bereich des Menschen und für die Ahnungen seiner göttlichen Würde. Die Feinde stehen für die Lebensmuster, die uns am Leben hindern, für unsere Schwächen, die uns zu schaffen machen, und für die Wunden, die uns das Leben geschlagen hat. Der Richter, der sich weder um Gott noch um die Menschen kümmert, symbolisiert das Über-Ich, die innere Instanz, die uns klein machen möchte und die kein Interesse an unserem Wohlergehen hat. Ihr geht es nur um Normen und Prinzipien. Die Seele soll stillhalten und sich zufriedengeben mit dem, was sie vorfindet.

Das Gebet gibt in einer solchen Sichtweise der Seele Recht. Es bestätigt unsere inneren Ahnungen von unserer unantastbaren Würde und von unserer Einmaligkeit. Das Gebet bringt die lärmenden Stimmen des Über-Ichs und der feindlichen Lebensmuster zum Schweigen.

Die scheinbar machtlose Frau kämpft für sich. Sie geht immer wieder zum Richter und fordert ihn auf: »Verschaff mir Recht gegen meinen Feind!« (Lk 18,3) Der Richter führt als Antwort darauf ein Selbstgespräch, das typische Stilmittel griechischer Komödien: »Ich fürchte zwar Gott nicht und nehme auch auf keinen Menschen Rücksicht; trotzdem will ich dieser Witwe zu ihrem Recht verhelfen, denn sie lässt mich nicht in Ruhe. Sonst kommt sie am Ende noch und schlägt mich ins Gesicht.« (Lk 18,5)

Wörtlich müsste man hier den griechischen Originaltext mit »unters Auge schlagen, blau schlagen« (Heininger 202) übersetzen. Der Zuhörer mag darüber schmunzeln, wie dieser mächtige Richter Angst vor der schwachen Witwe hat und befürchtet, sie könne ihm ein blaues Auge schlagen. Doch gerade mit diesem Selbstgespräch des Richters bewegt Lukas den Leser, dem scheinbar so schwachen Mittel des Gebetes zu trauen. Es hat mehr Macht als alle äußeren Machthaber. Im Gebet bekommt der Mensch sein Recht. Er hat Recht auf Leben, Recht auf Hilfe, Recht auf Würde. Im Gebet dürfen wir erleben, dass die Menschen keine Macht mehr über uns haben.

Wenn wir die Witwe als Bild für die Seele nehmen, dann heißt das: im Gebet erfahren wir, dass die Seele mehr Recht hat als die Stimmen des Über-Ichs, die uns klein halten möchten. Im Gebet blüht die Seele auf und bekommt gleichsam Flügel. Im Gebet kommen wir in Berührung mit unserem wahren Selbst, mit dem ursprünglichen Bild Gottes von uns, mit dem Glanz, den Gott uns verliehen hat. Die Welt kann dieses Bild Gottes in unserer Seele nicht trüben oder gar zerstören.

Die Gefährdung des Betens

Nach dem Gleichnis von einer Frau bringt Lukas ein Beispiel mit einem Mann als Beter. Das ist typisch für Lukas. Er ist der Überzeugung, dass er von unserer Beziehung zu Gott und von Gott als Vater und Mutter nur dann angemessen sprechen kann, wenn er es sowohl vom Mann als auch von der Frau her tut. Bei der Frau legt er den Akzent auf das Kämpfen und Nichtaufgeben, beim Mann auf die Demut. Er weiß um die Gefährdungen männlicher und weiblicher Spiritualität. Die Frau gibt zu leicht auf. Der Mann dagegen ist in Gefahr, das Gebet zu missbrauchen, um sich über andere zu stellen. Daher muss er in die Schule des Zöllners gehen: Er darf nicht der Gefahr der Pharisäer erliegen, die das Gebet benutzen, um sich besser zu fühlen als die anderen. Eine solche Haltung hat nichts mit Spiritualität zu tun, sondern ist nur fromme Selbstbespiegelung.

Lukas stellt uns in diesem Gleichnis zwei Weisen des Gebetes vor Augen: das Gebet des selbstgerechten Pharisäers und das Gebet des demütigen Zöllners. Die Gebetsweisen der beiden sind grundverschieden. Die Vorbereitung auf das Gebet ist beim Pharisäer kurz. Er stellt sich einfach hin und fängt an zu beten. Der Pharisäer betet zwar, aber eigentlich spricht er nur über sich selbst. Er benutzt Gott dazu, sich selbst ins rechte Licht zu stellen. Es geht ihm nicht um Gott, sondern um die eigene Selbstgerechtigkeit. Der Zöllner aber bleibt hinten stehen, wagt nicht aufzusehen und schlägt sich an die Brust. Er drückt sein Gebet vor allem auch durch seinen Leib aus.

Im Griechischen heißt es beim Pharisäer wörtlich: »Er betete zu sich selbst.« Er benutzt zwar die Worte »Gott, ich danke dir, dass ich nicht wie die anderen Menschen bin.« (Lk 18,11), doch eigentlich will er Gott nur einen langen Monolog vortragen. Nicht der Pharisäer will Gott dienen, sondern Gott soll ihm – seiner Selbstbestätigung und seiner Selbstbeweihräucherung – dienen. Dieser Beter schaut nicht zu Gott auf, sondern nur auf sich selbst.

Der Zöllner dagegen spürt seinen Abstand zu Gott. Er wagt gar nicht, zu Gott aufzuschauen. Denn er spürt, dass er Gott seine Wahrheit hinhalten muss. Und vor Gott erkennt er, wer er in Wirklichkeit ist. Er wird gewahr, dass er an Gott und an sich selbst vorbeigelebt hat. So schlägt er sich an die Brust, um auszudrücken, dass er bereit ist umzukehren. Er betet: »Gott sei mir Sünder gnädig!« (Lk 18,13) Er erkennt, dass er nicht alles wiedergutmachen kann, was er in seinem Leben an Unrecht getan hat. So vertraut er sich der Gnade und Barmherzigkeit Gottes an.

Jesus kommentiert nun selbst diese beiden Weisen des Betens: Der Zöllner geht als Gerechter aus seinem Gebet nach Hause. Er hat vor Gott seine eigene Wahrheit erkannt und sie ihm voll Reue hingehalten. Der Pharisäer dagegen hat Gott nur zur eigenen Selbstdarstellung benutzt. Nur das Gebet, in dem wir uns schonungslos Gott hinhalten, wird uns auf Gott hin ausrichten und gerecht machen.

Und dann gibt Jesus die Regel für ein christliches Beten an: »Jeder, der sich selbst erhöht, wird erniedrigt werden; wer sich aber erniedrigt, wird erhöht werden.« (Lk 18,14) Wer das Gebet dazu missbraucht, sich über andere zu stellen, wird gezwungen, sich seinen Schattenseiten zu stellen und in die Tiefe seines Herzens hinabzusteigen, in der er all den Unrat seiner Seele erkennt. Wer aber vor Gott den Mut hat, in seine eigene Menschlichkeit hinabzusteigen, und wer sich vor Gott der eigenen Wahrheit stellt, der wird von Gott aufgerichtet und darf als Sohn und Tochter aufrecht und gerechtfertigt vom Gebet nach Hause gehen.

Lukas deutet die Worte Jesu vom Pharisäer und vom Zöllner, indem er die Segnung der Kinder folgen lässt. Seine Jünger haben in dieser Situation etwas von den Pharisäern an sich. Sie weisen die Leute, die ihre Kinder zu Jesus bringen, schroff ab. Doch Jesus antwortet ihnen: »Lasst die Kinder zu mir kommen; hindert sie nicht daran! Denn Menschen wie ihnen gehört das Reich Gottes. Amen, das sage ich euch: Wer das Reich Gottes nicht so annimmt wie ein Kind, der wird nicht hineinkommen.« (Lk 18,16f)

Beten gelingt nur, wenn wir wie der Zöllner unsere eigene Angewiesenheit auf Gott bekennen. Kinder haben ein Gespür dafür, dass sie Hilfe brauchen. Sie benutzen das Reich Gottes nicht für sich. Sie erkennen ihre Ohnmacht und Hilfsbedürftigkeit. So sollen wir wie Kinder vertrauensvoll zum Vater beten. Dann erfahren wir das Reich Gottes und dann wird Gott in uns herrschen.

Das Beten der Gemeinde

Gebet ist für Lukas der königliche Weg, um in die Gesinnung Jesu hineinzuwachsen. Zugleich ist das Gebet auch der Ort, an dem die Christen das Geheimnis der Auferstehung erfahren dürfen. Im Gebet dürfen sie erleben, dass Gott sie aufrichtet und sie von Fesseln befreit.

Dies beschreibt der Evangelist Lukas in seiner Apostelgeschichte. 25-mal spricht er darin vom Gebet. Er beschreibt die Urkirche als betende Gemeinde. Im Gebet findet sie ihre tiefste Identität. Ich möchte acht Aspekte des Betens herausarbeiten, die mir beim Lesen der Apostelgeschichte in die Augen springen:

1 *Die christliche Gemeinde erfährt im Beten ihre eigentliche Grundlage*

Wenn Lukas die christliche Gemeinde beschreibt, dann schildert er sie immer als betende Gemeinschaft. Nach der Himmelfahrt Jesu verharrt die Gemeinde einmütig im Gebet und wartet auf das Kommen des Heiligen Geistes. (Vgl. Apg 1,14) Nach der Herabkunft des Heiligen Geistes heißt es von den ersten Christen: »Tag für Tag verharrten sie einmütig im Tempel, brachen in ihren Häusern das Brot und hielten miteinander Mahl in Freude und Einfalt des Herzens. Sie lobten Gott und waren beim ganzen Volk beliebt.« (Apg 2,46f)

Im Gebet findet die Gemeinde trotz aller Verfolgung von außen und aller inneren Konflikte Halt und Schutz. Sie weiß Jesus in ihrer Mitte und sie weiß sich von Gott getragen. So erleben die Christen, dass das Reich Gottes schon gekommen ist: Jung und Alt, Arm und Reich, Juden und Griechen, Männer und Frauen sind einmütig im Gebet verbunden. Das Gebet stiftet über alle Grenzen hinweg Gemeinschaft.

2 *Beten als Fürbitte für andere Menschen*

Die Jünger beten immer, wenn sie andere zum Dienst aussenden. Die Apostel beten über die Diakone und legen ihnen die Hände auf, damit sie ihren Dienst gut verrichten. (Vgl. Apg 6,6) Und sie beten für Paulus und Barnabas, bevor sie sie zu ihrem Dienst in andere Gemeinden aussenden. (Vgl. Apg 13,3) Petrus und Johannes beten für die Christen in Samarien, damit diese den Heiligen Geist empfangen. (Vgl. Apg 8,15) Und die Jünger beten, wenn ein anderer krank oder in Not ist. Das Gebet befähigt sie, die Kranken zu heilen (vgl. Apg 3,1) oder die tote Tabita wieder zum Leben zu bringen (vgl. Apg 9,40). Die Gemeinde betet für Petrus, der im Gefängnis sitzt – und dieses Beten führt dazu, dass Gott einen Engel zu Petrus schickt, der ihn befreit. (Vgl. Apg 12,5)

Wir sollen – so will uns Lukas immer wieder sagen – für andere Menschen beten. Das Beten für andere ist kein Ersatz für unser eigenes Handeln. Vielmehr stärkt und segnet das Beten unser Tun.

Heilung ist immer ein Wunder. Das heilende Wirken des Arztes und des Therapeuten durch unser Gebet zu unterstützen schenkt uns Vertrauen und Hoffnung für den anderen Menschen. Beten ist Ausdruck der Liebe für andere Menschen und Ausdruck der Verbundenheit mit ihnen. Und im Gebet dürfen wir immer wieder erfahren, dass Gott auch heute an uns wirkt, unsere Wunden heilt, uns von Fesseln befreit und uns aus dem

Gefängnis herausführt. Und das Beten stärkt uns so zum Dienst für andere.

3 *Beten als Erfahrung von Gemeinschaft auch bei Abschied und Trennung*

Lukas schildert ergreifend, wie Paulus von der Gemeinde von Ephesus und Milet Abschied nimmt. »Nach diesen Worten kniete er nieder und betete mit ihnen allen. Und alle brachen in lautes Weinen aus, fielen Paulus um den Hals und küssten ihn.« (Apg 20,36f)

Im Gebet nehmen sie Abschied von Paulus. Aber im Gebet wissen sie sich auch weiterhin mit ihm verbunden. Dies ist ein wunderbares Bild für uns. Viele Menschen tun sich schwer, Abschied zu nehmen. Sie fühlen sich allein. Das Gebet ist der Ort, an dem wir uns mit dem Freund, der Freundin, dem Ehepartner, den Kindern, die weit von uns entfernt leben, verbunden fühlen.

Mir erzählte ein Manager, der während der Woche weit von seiner Familie entfernt arbeiten musste, dass das Beten für sie ihm eine tiefe Verbundenheit mit seiner Familie schenkt. Das Gebet ist aber auch der Ort, an dem wir uns mit den Menschen verbunden fühlen, die im Tod von uns Abschied genommen haben. Wenn wir das Vaterunser beten, dürfen wir uns daran erinnern, dass die Verstorbenen dieses Gebet immer wieder gesprochen und mit diesen Worten ihren Glauben und ihre Sehnsucht zum Ausdruck gebracht haben. Im Beten fühlen wir uns mit den Menschen verbunden, die diese Worte jetzt im Himmel als bereits Schauende mitsprechen.

4 *Beten als Erfahrung von Gemeinschaft über die Religionen hinweg*

Lukas spricht nicht nur vom Gebet der Christen, sondern auch von dem der Heiden. Kornelius, ein römischer Hauptmann, lebte als Heide fromm und gottesfürchtig. Er »betete beständig zu Gott« (Apg 10,2). Zur gleichen Zeit, in der Kornelius zu Gott betet, steigt auch Petrus auf das Dach des Hauses und betet. (Vgl. Apg 10,9) In einer Vision erfährt er, dass er zu den Heiden gehen soll. Als ihn nach seiner Vision Männer darum bitten, ist er dazu bereit. Das Gebet hat ihn die Gemeinschaft mit allen Menschen erfahren lassen – auch mit denen, die nicht der jüdischen Religion angehören.

Paulus hat die Christen verfolgt. Hananias erfährt im Gebet, dass er zu Paulus gehen soll. Es widerstrebt ihm, zum Feind zu gehen. Doch der Herr sagt ihm von Paulus: »Er betet gerade.« (Apg 9,11) Das Gebet verbindet die Menschen miteinander: Es verbindet Freunde und Feinde, die Menschen der verschiedenen Konfessionen und Religionen. Es stiftet über alle Unterschiede hinweg Gemeinschaft. Es ist der Ort, an dem wir Ökumene im wahrsten Sinn des Wortes erfahren: Gemeinschaft über alle Unterschiede hinweg auf der ganzen Welt. Im Gebet wird die Feindschaft überwunden. Je mehr wir im Sinne Jesu beten, desto mehr werden die Barrieren zwischen den Menschen und Religionen aus dem Weg geräumt.

5 *Beten zu bestimmten Zeiten*

Lukas erzählt uns, dass die Jünger zu den bei den Juden üblichen Gebetszeiten in den Tempel gehen, um zu beten. (Vgl. Apg 3,1; 10,9) Die frühen Christen haben die Gebetszeiten der Juden übernommen. Die Didache, eine urchristliche Gebetslehre, fordert die Christen auf, dreimal am Tag das Vaterunser zu beten. Die Mönche haben die Gebetszeiten übernommen. Benedikt von Nursia kennt sieben Gebetszeiten, die heilige Zeiten sind, in denen das Gebet die Mönche mehr und mehr verwandeln und sie mit dem Geist Jesu erfüllen soll. In ihnen kommt zum Ausdruck, dass unsere Zeit Gott gehört und dass jede Zeit eine heilige Zeit ist.

Und das Beten zu den festen Gebetszeiten will uns zeigen, dass wir letztlich unablässig beten sollen, wie es Paulus im Ersten Thessalonicherbrief schreibt. (Vgl. 1 Thess 5,17) Indem wir wenigstens zu bestimmten Zeiten beten, haben wir die Gewissheit, dass kein Tag ohne Gebet vergeht. Jeder Tag wird durch das Gebet geheiligt. Und die regelmäßigen Gebetszeiten verwandelt die ganze Zeit. Die Zeit wird für uns zu einer heiligen Zeit, zu einer angenehmen Zeit und zu einer Zeit der Gnade. Wir werden die Zeit nicht mehr als »chronos« erleben, als Zeit, die uns auffrisst, sondern als »kairos«, als Zeit, die uns von Gott geschenkt ist und in der wir ganz wir selbst sind.

6 *Das Beten bringt die Welt in Bewegung*

Lukas erzählt uns, dass das Beten der Gemeinde den Ort zum Beben bringt: »Als sie gebetet hatten, bebte der Ort, an dem sie versammelt waren, und alle wurden mit dem Heiligen Geist erfüllt, und sie verkündeten freimütig das Wort Gottes.« (Apg 4,31) Und als Paulus und Silas um Mitternacht in ihrem Gefängnis beten, entsteht ein Erdbeben. Die Türen des Gefängnisses springen auf und die Fesseln fallen ab. (Vgl. Apg 16,25ff) Das Gebet bringt die Grundmauern des Gefängnisses zum Wanken. Das Gebet ist nicht ohne Wirkung. Es bringt einen Ort in Schwingung.

Viele Christen haben den Eindruck, dass das Gebet nichts bringt. Wenn sie in der Kirche ihre Fürbitten sprechen, dann erleben sie das manchmal als Alibi gegenüber ihrer eigenen Machtlosigkeit. Die Welt wird von anderen bestimmt und nicht von den betenden Christen. Lukas setzt eine andere Erfahrung dagegen: Wenn wir beten, dann hat dies eine Wirkung. Wir können diese Wirkung oft nicht erkennen, aber wir sollen auf sie vertrauen.

Oft spüren wir in Kirchen, in denen viel gebetet wird, eine gute und heilende Atmosphäre. Sensible Menschen können in solchen Kirche die heilende Kraft des Gebetes erfahren. Sie erleben solche Kirchen als Kraftorte, als Orte, an denen sie sich geborgen, geschützt und von neuer Energie durchdrungen wissen.

Wenn wir gemeinsam beten, sollten wir auch vertrauen, dass das Gebet durch die Mauern der Kirche hinaus in die Welt hineindringt. Wenn wir gemeinsam beten, dann hat das Auswirkungen auf die ganze Welt, dann wird die Welt um uns herum etwas heller und wärmer. Wir erzeugen eine Atmosphäre, die »ihre Kreise zieht«. Das Feld menschlichen Denkens und Fühlens verändert sich. Das Gebet erzeugt ein »Beben« in der Welt. Die Welt bleibt nicht mehr die gleiche.

7 *Beten als eigentliche Aufgabe der Jünger Jesu*

Als die Gemeinde immer größer wird und Spannungen zwischen den Hellenisten und Hebräern entstehen, beschließen die Apostel, Diakone auszuwählen. Als Begründung geben sie an: »Wir aber wollen beim Gebet und beim Dienst am Wort bleiben.« (Apg 6,4)

Die Apostel sehen ihre eigentliche Aufgabe im Gebet und im Dienst am Wort. Beides gehört zusammen. Wir können dem Wort Gottes nur dienen, wenn wir im Gebet erfahren haben, was Gott uns wirklich sagen möchte. Wir können das Wort Gottes nur dann angemessen verkünden, wenn wir im Gebet in den tieferen Sinn seiner Worte eintauchen. Das Gebet ist der Ort der Kontemplation, an dem wir still werden und offen für Gottes Geist. Und das Gebet ist der Ort, an dem wir auf Gottes leise Stimme hören können.

Bei allem sozialen Engagement für andere sollen daher die Kirche und der einzelne Christ nie vergessen, sich im Gebet der Grundlage des Glaubens zu vergewissern. Für den Evangelisten Lukas ist das Gebet für das Leben des Christen entscheidend: Er soll nicht in der äußeren Arbeit aufgehen, sondern sich immer wieder auf das Eigentliche besinnen und sich im Gebet dem Geheimnis Gottes und dem Geheimnis der Erlösung durch Jesus Christus öffnen.

Nicht nur die Gemeinde findet im gemeinsamen Gebet ihre Identität. Auch der Christ erlebt erst im Gebet das Geheimnis seines Christseins. Ein Jünger Jesu sein ist für Lukas identisch mit: immer wieder beten, im Gebet sich für Gott öffnen und im Gebet eins mit Jesus Christus werden.

Das Vaterunser, das uns Matthäus und Lukas als das zentrale Gebet des Christen überliefern, ist der Ort, an dem wir uns immer wieder unserer Identität als Christen und unseres Auftrags vergewissern sollen. Es zeigt uns auf, wer wir sind, wer wir durch Jesus Christus geworden sind und was das Geheimnis der Botschaft Jesu und das Geheimnis des Heiles ist, das Jesus Christus an uns gewirkt hat und immer wieder im Gebet an uns wirken möchte.

8 *Das Gebet als Lobpreis Gottes*

Das Beten der Jünger ist oft Lobpreis Gottes. (Vgl. Apg 2,46; 10,46) Im Gefängnis bitten Paulus und Silas nicht um ihre Befreiung. Sie loben vielmehr Gott und singen Loblieder. Im Gebet erweist der Mensch Gott die Ehre. Es geht um Gottes Herrlichkeit, um Gottes heiligen Namen, um das Reich Gottes, das auch auf Erden aufleuchten möchte. Loben heißt: sich selbst vergessen und ganz und gar auf Gott schauen, dessen Geschöpfe wir sind.

Wer verstanden hat, dass Gott der Schöpfer ist und wir seine Geschöpfe, der kann nicht anders, als Gott zu loben. Dies hat die christliche Tradition aufgegriffen, wenn spätere Textzeugen des Matthäusevangeliums an das Vaterunser noch einen Lobpreis anfügen: »Denn dein ist das Reich und die Kraft und die Herrlichkeit in Ewigkeit. Amen.« Auch wenn dieser Lobpreis nicht von Jesus stammt, sondern in Anlehnung an ein Dankgebet König Davids (vgl. 1 Chr 29,10f) gestaltet wurde, so drückt er doch etwas Wesentliches unseres Gebetes aus: Unser Beten ist immer auch Lobpreis Gottes. Bei allen Bitten, die wir an Gott richten dürfen, damit er uns aus unserer Not erretten und unsere Wunden heilen möge, sollte jedes Gebet in das Lob Gottes einmünden.

Im Lob nehmen wir schon die Erfüllung unserer Bitten vorweg. Auf unsere Bitten im Vaterunser antworten wir: »Denn dein ist das Reich und die Kraft und die Herrlichkeit in Ewigkeit. Amen.« Wir glauben, dass Gottes Reich, um das wir bitten, schon da ist. Wir glauben daran, dass Gott seine Kraft, seine »dynamis«, seine Energie in diese Welt einfließen lässt, dass hinter aller anscheinenden Gottesferne seine heilende Nähe schon wirkt und dass in der Tiefe des Kosmos seine Energie am Werk ist, um diese Welt immer mehr mit seinem Geist zu durchdringen. Und wir schauen im Beten auf Gottes Herrlichkeit, die schon da ist – in der Natur, in der Schönheit der Kunst – und die auf dem Antlitz des Menschen aufleuchtet. Im Loben drücken wir unser Vertrauen aus, dass Gott der Herr über diese Welt ist, dass diese Welt in seinen väterlichen und mütterlichen Armen ruht und dass das in Ewigkeit so bleiben wird. Wir haben jetzt im Gebet mitten in den Bedrängnissen unseres Lebens schon an der Erfüllung und Vollendung teil, die uns einst im Himmel in seinem unverhüllten Glanz geschenkt werden wird.

Sich nach dem Vaterunser formen lassen

Auch wenn wir noch so viel über das Vaterunser lesen, wir kommen nie zu Ende, um das Geheimnis dieses Gebetes zu erfassen. Jesus hat uns in diesen Worten seinen eigenen Geist geschenkt. Er gibt uns Anteil an seinem Beten, an seiner intimen Beziehung zum Vater, an seiner Sehnsucht, dass das Reich Gottes kommen und uns zu wahren Menschen machen möge.

Indem wir die Worte Jesu nachbeten, kommen wir ihm selbst immer näher: seiner Botschaft, aber auch seiner Person, seiner Liebe zum Vater, seiner Verbundenheit mit dem Vater, seinem Vertrauen und seinem Glauben, dass Gott stärker ist als das Böse und dass das Reich Gottes schon gekommen ist und uns Menschen den Raum bietet, in dem wir wahrhaft Mensch sein dürfen. Und wir haben teil an der Sehnsucht Jesu, dass das Reich Gottes für immer kommen möge, als ein Reich, in dem es keine Versuchung und kein Böses mehr gibt und in dem die Menschen in Freiheit und Würde, in Liebe und Gerechtigkeit leben können.

Auch wenn ich jetzt viel über das Vaterunser geschrieben habe, so habe ich den Reichtum dieses Gebetes immer noch nicht erfasst. Ich werde in meinem Leben nie zu Ende damit kommen, das Geheimnis dieses Gebetes zu ergründen. Je älter ich werde, desto mehr geht mir die Kraft dieser Worte auf, aber auch die Liebe Jesu, die in diesen Worten zum Ausdruck kommt.

Indem ich das Vaterunser bete, habe ich teil an Jesu Liebe. Ich spüre seine tiefe Verbundenheit mit dem Vater. Und wenn ich Gott manchmal eher als fern erlebe, so helfen mir die Worte Jesu, die väterliche und mütterliche Nähe Gottes zu erahnen und zu spüren. Und wenn mir manchmal die Worte des Vaterunsers fremd erscheinen, stelle ich mir vor, dass Jesus sie gebetet hat. Dann tauche ich ein in die Beziehung Jesu zu seinem Vater. Und ich denke daran, dass Jesus die Beziehung zu seinem Vater in unterschiedlichen Situationen auch jeweils anders erfahren hat: in der Einsamkeit der Nacht, als er allein auf dem Berg betete; in der dunklen Stunde des Ölbergs, da er mit dem Vater rang; und in der Stunde seines Todes am Kreuz, in der er zwischen der Verlassenheit (»Mein Gott, mein Gott, warum hast du mich verlassen?«) und dem Vertrauen im Tod in die liebenden Arme des Vaters hineinzufallen (»Vater, in deine Hände empfehle ich meinen Geist«), hin und her schwankte.

Alle Auslegungen des Vaterunsers bleiben ein Stückwerk. Und nach allem Bedenken dieser Gebetsworte bleibt doch nur das Staunen vor dem Geheimnis dieses Gebetes. So möchte ich mit einigen Stimmen schließen, mit der große Beter vor uns das Vaterunser gepriesen haben. Teresa von Ávila sagt: »Welch erhabene Vollkommenheit liegt in diesem Gebet! Wie sehr erkennt man darin die göttliche Weisheit dessen, der es verfasst hat! Wie dankbar müssen wir dafür sein! Es reißt mich zur Bewunderung hin, wie es in so wenigen Worten alles enthält, was zur Vollkommenheit und Beschauung gehört.« (Zit. n.: Bader 101) Und Martin Luther schreibt vom Vaterunser: »Weil dieses Gebet von unserem Herrn stammt, wird es ohne Zweifel das höchste, edelste und beste Gebet sein; denn hätte er ein besseres gewusst, der rechtschaffene, treue Lehrer, so würde er es uns auch gelehrt haben.« (Zit. n.: Bader 102)

Viele Christen haben den Eindruck, dass das Vaterunser an ihnen oft vorbeigeht. Manchmal sind wir nicht aufmerksam genug. Dann bleiben die Worte, die wir beten, leer. Aber trotzdem dürfen wir vertrauen, dass das Beten etwas in uns bewirkt. Die französische Mystikerin Simone Weil schreibt dazu: »Es ist unmöglich, das Vaterunser zu sprechen und dabei auf jedes Wort die ganze Aufmerksamkeit zu richten, ohne dass in der Seele eine vielleicht unendlich kleine, aber tatsächliche Veränderung bewirkt wird.« (Zit. n.: Bader 107) Und Thomas von Aquin ist überzeugt, dass dieses Gebet mehr und mehr unser ganzes Gemüt forme und verwandle.

Alle, die das Vaterunser täglich beten, sind sich einig, dass dieses Gebet unerschöpflich ist. Immer wieder stoßen wir in ihm auf neue Schätze der Weisheit und Liebe Gottes. Stellvertretend für die vielen Beter sei Matthias Claudius genannt, der schreibt: »Je länger man das Vaterunser betet, je mehr sieht man ein, wie wenig man es versteht, und wie wert es ist, verstanden und bedacht zu werden, um unbekannten Schätzen auf die Spur zu kommen.« (Zit. n.: Bader 104)

So wünsche ich Ihnen, liebe Leser und Leserinnen, dass Ihnen die Gedanken helfen, die mir bei der Beschäftigung mit dem Vaterunser gekommen sind. Ich wünsche Ihnen, dass Sie dieses Gebet so beten können, dass Sie immer tiefer in den Geist Jesu und in seine persönliche Beziehung zu Gott hineinwachsen. So können Sie durch das Vaterunser zum richtigen Leben finden. Ich wünsche Ihnen, dass Sie mit jedem Beten des Vaterunsers neue Schätze entdecken und dass Ihr Staunen vor seinem Geheimnis beim Beten wächst, bis es einmündet in das Schauen des Reiches und der Kraft und der Herrlichkeit Gottes in Ewigkeit.

Literatur

Bader, Wolfgang (Hg.)
Vater Unser. Stimmen und Variationen zum Gebet des Herrn, München 1999.

Blank, Josef
Art. Herrschaft Gottes, in: Christian Schütz (Hg.), Lexikon der christlichen Spiritualität, Freiburg im Breisgau 1988, 617–619.

Boff, Leonardo
Vater unser, Das Gebet umfassender Befreiung, Düsseldorf 1984.

Bovon, François
Das Evangelium nach Lukas, 2. Teilband, Zürich 1996.

Gnilka, Joachim
Das Matthäusevangelium I und II, Freiburg im Breisgau 1986 und 1988.

Grün, Anselm
Jesus – Lehrer des Heils. Das Evangelium des Matthäus, Stuttgart 2002.

Grundmann, Walter
Das Evangelium nach Matthäus, Berlin 1968.

Heininger, Bernhard
Metaphorik, Erzählstruktur und szenisch-dramatische Gestaltung in den Sondergutgleichnissen bei Lukas, Münster 1991.

Limbeck, Meinrad
Matthäus-Evangelium, Stuttgart 1986.

Luz, Ulrich
Evangelium nach Matthäus, Zürich-Neukirchen 1985–1995.

Schnackenburg, Rudolf
Matthäusevangelium, Würzburg 1985.

Schürmann, Heinz
Das Gebet des Herrn, Freiburg im Breisgau 1981.

Splett, Jörg
Art. Person, in: Christian Schütz (Hg.), Lexikon der christlichen Spiritualität, Freiburg im Breisgau 1988, 981–984.

Venetz, Hermann-Josef
Das Vaterunser. Gebet einer bedrängten Schöpfung, Fribourg 1989.

Anselm Grün

Die Zehn Gebote
Wegweiser in die Freiheit

173 Seiten, gebunden
mit Schutzumschlag
ISBN 978-3-87868-728-3

Du sollst nicht töten! – Du sollst nicht stehlen!

Die meisten Menschen kennen die Zehn Gebote noch aus ihrer Kindheit und verbinden damit nur negative Erinnerungen an den Beichtstuhl.

Doch diese Grundpfeiler der christlichen Ethik können weit mehr als verbieten und vorschreiben: Sie geben uns Orientierung und Sicherheit in einer Welt voller Möglichkeiten und Meinungen.

Anselm Grün zeit in seinem Buch, wie die Zehn Gebote für jeden einzelnen Menschen als Wegweise in die Freiheit verstanden werden können. So sind sie auch heute noch eine praxisnahe Lebenshilfe für den Alltag.